rororo

rororo

Zu diesem Buch

John F. und Jacqueline Kennedy: ein modernes Königspaar, charmant und elegant, liberal und gebildet, das seine öffentlichen Auftritte perfekt zu inszenieren wußte. Doch hinter der Fassade war die Ehe im «amerikanischen Versailles» von beiderseitigem Kalkül geprägt, von politischen und privaten Krisen wie dem Vietnamkrieg und den sexuellen Eskapaden des amerikanischen Präsidenten. Nach dem Attentat von Dallas wurde John F. Kennedy zur Legende. Jacqueline dagegen spielte nicht lange die heilige Witwe, die die Welt in ihr zu haben glaubte. Fünf Jahre nach dem Attentat heiratete sie wieder und wurde Jackie O.

Der Autor

Alan Posener, geboren 1949, wuchs in London, Kuala Lumpur und Berlin auf. Studium der Anglistik und Germanistik. Zu seinen Veröffentlichungen zählen die Rowohlt Monographien über John F. Kennedy (romono 50393) und Elvis Presley (romono 50495) sowie eine Duographie über Roosevelt und Stalin (1993).

Alan Posener

John F. und Jacqueline Kennedy

Das Königspaar im Weißen Haus

Rowohlt Taschenbuch Verlag

PAARE Herausgegeben von Claudia Schmölders

Einmalige Sonderausgabe Oktober 1998

Veröffentlicht im Rowohlt Taschenbuch
Verlag GmbH, Reinbek bei Hamburg,
Oktober 1998

Umschlaggestaltung Notburga Stelzer
(Foto: Robert Knudsen/White House)
Gesamtherstellung Clausen & Bosse, Leck
Printed in Germany
ISBN 3 499 22538 7

Inhalt

Jack und Jackie

Die Person, über die ich vor 30 Jahren hätte schreiben können, ist heute nicht mehr die gleiche. Die Phantasie übernimmt das Kommando. Als Isak Dinesen [Tania Blixen] ‹Jenseits von Afrika› schrieb, ließ sie die schlechte Behandlung durch ihren Mann weg. Sie schuf sich im Grunde eine neue Vergangenheit.

Jacqueline Bouvier Kennedy Onassis auf die Frage, weshalb sie keine Memoiren schreibt, 1992

An diesem Morgen steht sie spät auf, wie immer. Mißmutig mustert sie den geschmacklosen Luxus des Hotelschlafzimmers. Texanischer Barock. Erst später fällt ihr auf, daß die Bilder an der Wand – sie erkennt Monet, Picasso, van Gogh, ein Dutzend weitere Klassiker, wahllos durcheinander – keine Reproduktionen sind. Die örtlichen Millionäre haben ihre privaten Sammlungen geplündert, um ihr eine Freude zu bereiten. Wie heißt diese Stadt? Ach ja, Fort Worth. Hier im Hotel gibt die Handelskammer ein Frühstück, bevor es weitergeht nach – richtig, Dallas. Ein kurzer Flug, eine Fahrt durch die Innenstadt, dann wieder ein Essen mit politischen Bossen, Öl- und Fleischmillionären und ihren Ehefrauen, die ein kleines Vermögen für die Ehre ausgegeben haben, mit dem Präsidenten der Vereinigten Staaten unter einem Dach zu speisen und die First Lady zu bestaunen. Wie sie das Geschäft der Politik anwidert! Und vor allem solche Wahlkampfreisen. Sie wäre nicht gekommen, aber Jack hat ihre Schuldgefühle wegen der Mittelmeerkreuzfahrt auf Aris

Luxusjacht ausgenutzt. Die Zeitungsberichte darüber sollen seiner Popularität geschadet haben. Amerikas Männer haben nichts gegen einen Frauenhelden im Weißen Haus, aber sie sehen es nicht gern, wenn seine Ehefrau zuviel Unabhängigkeit demonstriert – besonders nicht mit einem Mann wie Aristoteles Onassis. Nun wird sie an Jacks Seite von Auftritt zu Auftritt gehetzt, und die einzelnen Tage und Orte versinken in einem Wirbel von Flughäfen, Autos und Hotels, Auditorien und Podien, Supermärkten und Fabriken, Galadiners und hastigen Imbissen, Grußadressen und Bittgesuchen, patriotischen Phrasen und politischen Deals, Blitzlicht und brüllenden Reportern. Durch diesen Wahnsinn bewegt sie sich wie geistesabwesend: immer lächelnd, immer von drängelnden Menschen umgeben, deren Augen, Münder, Stimmen, Körper verschmelzen, die ihr tausend Hände zum Schütteln entgegenstrecken und immer wieder ihren Namen rufen: «Jackie! Jackie!»

Daß wildfremde Menschen, mit denen sie privat oder in Gesellschaft nie zusammenkommen würde, sich das Recht herausnehmen, sie mit ihrem Vornamen, ja ihrem Spitznamen, anzusprechen, daran kann sie sich nur schwer gewöhnen. Es kommt ihr oft wie eine Anmaßung vor, eine Zudringlichkeit – ist aber wohl nur Ausdruck der amerikanischen Bestrebung, alles auf schulterklopfende Art zu demokratisieren, aus Truman und Eisenhower «Harry» und «Ike» zu machen, aus John Fitzgerald Kennedy und Jacqueline Bouvier Kennedy «Jack und Jackie». Was ihr an diesem Namen immer ein wenig mißbehagt, genau das gefällt dem Massenpublikum und den Reportern und Klatschkolumnisten: Er klingt familiär, nach Vorort, *High School* und dem netten Mädchen von nebenan. Im Zeitalter des Fernsehens muß ein populäres Idol, das hat sie als erste *First Lady* erkannt, beides sein: unendlich fern und zum Anfassen nah, exklusiv und im Sonderangebot, aufregend anders und doch beruhigend ähnlich – ein irdischer Stern.

Die meisten Freunde nennen sie privat Jackie, auch er natürlich. Und sie nennt ihn Jack, zuweilen auch «Bunny», wenn sie ihn mit einer Parodie ehelichen Turtelns necken will: Häschen. Aber in der Öffentlichkeit hat er die Form zu wahren. Einmal sprach er vor laufenden Kameras von ihr als «Jackie» – das war, als sie einem Fernsehpublikum von 50 Millionen das renovierte Weiße Haus vorstellte. Vielleicht ist ihm der Formfehler unterlaufen, weil der eitle Präsident, wie ihre Freundin Tony Bradlee meint, auf ihre Rolle eifersüchtig war. Seitdem gibt er sich jedenfalls Mühe, von ihr immer nur als «Mrs. Kennedy» oder «Jacqueline Kennedy» zu sprechen. Ihren Vornamen spricht sie französisch aus, nicht amerikanisch auf der ersten Silbe betont – «Jacklyn» – wie die philisterhaften Kennedy-Frauen, die unter sich tuscheln, «Jacqueline» reime sich auf «Queen». Aber selbst in ihrem geliebten Paris brüllten die Massen auf den Champs-Élysées immer nur: «Jackie! Jackie!»

Ihr wird bewußt, daß sie diesen Sprechchor nicht nur in ihrem Kopf hört. Sie steht auf und tritt ans Fenster. Trotz des Regens haben sich einige hundert Menschen auf dem Hotelparkplatz versammelt, um einen Blick auf den Präsidenten und seine Frau zu erhaschen. Und obwohl seine Hände gestern vom Händeschütteln zerkratzt und geschwollen waren, obwohl er es haßt, berührt zu werden, obwohl er die tausend Augen, Münder, Hände, Leiber genauso gern auf Distanz halten würde wie sie, ist John F. Kennedy ohne Hut in den leichten Regen hinausgetreten, um Hände zu schütteln und zu seinen Anhängern zu sprechen. Trotzdem rufen sie noch: «Jackie! Jackie! Wo ist Jackie?» Hauptsächlich Männer sind es, Arbeiter auf dem Weg zu ihren Jobs in Rüstungsfabriken oder auf Baustellen, viele von ihnen im Blaumann. «Mrs. Kennedy ist noch dabei, sich zu organisieren», sagt der Präsident mit dem verschmitzten Lächeln und schlagfertigen Witz des erfahrenen Entertainers. «Es dauert etwas länger, dafür sieht sie allerdings erheblich besser aus als wir, wenn sie fertig ist.» Spätestens seit dem begeisterten Empfang in Paris weiß er, was für ein politisches Kapital er in ihr besitzt – ein Pfund, mit dem er wuchern muß. Wenn er keinen Gegner hat, gegen den er kämpfen kann, wirkt er ineffektiv. Seine Gesetzesinitiativen sind im Kongreß steckengeblieben, und die Menschen, die ängstlich in ihren Häusern saßen, als er vor einem Jahr mit Chruschtschow um das Schicksal der Welt pokerte, gehen jetzt auf die Straßen. Um so wichtiger ist ihm der Glanz, die Mischung aus Hollywoodallüren und königlicher Hoheit, die Jacqueline ausstrahlt. Sie ist seine Evita Perón. Zwar hat das amerikanische Volk sie nie ins Herz geschlossen wie Eleanor Roosevelt, die sich der Vergessenen und der Außenseiter der Gesellschaft annahm; oder wie Mamie Eisenhower, weil sie das Musterbild einer braven Hausfrau abgab und ihren herzkranken «Ike» so liebevoll pflegte. Aber als Franklin Roosevelt und Dwight Eisenhower Präsident waren, haben die Menschen nicht stundenlang im Regen herumgestanden und «Eleanor! Eleanor!» oder «Mamie! Mamie!» gerufen. Diese Frauen waren keine Stars. Jacqueline Kennedy ist die erste Diva im Weißen Haus.

Draußen zerstreut sich die Menge. Jacqueline wird nicht erscheinen, ihre sorgfältig toupierten Haare nicht dem Regen aussetzen. Sollte es auch in Dallas regnen, wird sie darauf bestehen, daß dem Wagen die kugelsichere Plastikhaube aufgesetzt wird. Der Fahrtwind tut ihrer Frisur ohnehin nicht gut. Und die Geschäftsleute unten im Konferenzraum können ruhig noch ein wenig warten, während sie sorgfältig ihre Garderobe auswählt – ein erdbeerfarbenes Wollkostüm mit dazu passendem Pillenschachtelhut und weißen Handschuhen. Ein Hauch Paris in Texas. Hut und Kostüm signalisieren europäischen Chic, unterstreichen den selbstsicheren internationalen Stil der Administration, die schlechten Geschmack unmöglicher findet als politische Pannen; die Handschuhe betonen aristokratische Distanz zu den schwitzenden Händen der Geldmacher und der professionellen Politiker.

Auch der Präsident wird warten müssen. Dieses Spiel, diese kleine Demonstration ihrer gewachsenen Macht, erlaubt sie sich häufiger. *Let's get America moving again!* – Bringen wir Amerika wieder in Bewegung! –, so lautet eine seiner Wahlkampfparolen. Seine nervöse Ungeduld ist sprichwörtlich. Wenn er still sitzen muß, ist immer ein Bein in Bewegung, mit einem Finger schlägt er sich oft nervös gegen die Vorderzähne. In der Liebe ist er hastig, nimmt sich nie Zeit. Sein ganzes Leben hindurch hat er es eilig gehabt. Nun muß er sich gedulden. Politisch kann, darf und will sie nichts in Bewegung setzen. Aber ihn aufhalten, ihren Auftritt inszenieren und ihm die Schau stehlen – das kann sie. Noch vor wenigen Jahren durfte sie der Kennedy-Chauffeur «Mugsy» O'Leary auf der Straße anbrüllen: «Mach schon, Jackie, Herrgott noch mal, beweg deinen Hintern!» Das darf sich heute niemand mehr erlauben. Sie kann sich mit ihrem Make-up Zeit lassen.

Damals war sie nichts als sein Anhängsel – nötig zwar, weil ein Präsidentschaftskandidat verheiratet sein muß, ein katholischer zumal; angenehm auch, weil hübsch, intelligent und von Familie; aber wie alle Frauen im Umkreis der Kennedys dazu bestimmt, sich im Hintergrund zu halten und den Ruhm der Männer zu mehren. Nach dem ersten großen Sieg im Vorwahlkampf von West Virginia stand sie, von ihrem Mann und der Presse unbeachtet, auf einer Treppe im Flughafen von Charlotte, während ihn seine Anhänger umtosten, schlich sich schließlich fort und wartete im dunklen Auto auf ihn. Auch diese Situation wäre heute undenkbar. Die geduldig neben erkaltenden Eiern, Speck und Pancakes ausharrenden Honoratioren von Fort Worth sind auch, ja vor allem, gekommen, um die *First Lady* zu sehen, und das weiß der Präsident, erkennt es in dem Standardwitz an, mit dem er seine Rede auch heute einleiten wird: «Vor zwei Jahren in Frankreich stellte ich mich als den Mann vor, der Jacqueline Kennedy nach Paris begleitete. Hier in Texas beschleicht mich allmählich ein ähnliches Gefühl. Wieso interessiert sich eigentlich niemand dafür, was Lyndon und ich anziehen werden?»

Lyndon – Lyndon Baines Johnson, der Vizepräsident – verkörpert für sie all das, was sie an Berufspolitikern ablehnt. Ein Aufsteiger ist er, der Sohn kleiner Viehzüchter aus der südwestlichen Ecke von Texas, groß, grob, laut, provinziell und unkultiviert; ein ehemaliger Volksschullehrer, der sich als Cowboy inszeniert – Stiefel trägt, die Füße auf den Tisch stellt, laut flucht, bellend lacht, sich auf die Schenkel klopft, seinen Gesprächspartnern abwechselnd die Finger in die Rippen stößt und auf den Rücken schlägt, Unmengen essen kann und in Gesellschaft ungeniert rülpst und furzt; ein von seinem eigenen Pathos gelegentlich zu Tränen gerührter Demagoge, der von einer «Großen Gesellschaft» träumt, die dem kleinen Mann Wohlstand und Glück von Johnsons Gnaden garantieren soll; megaloman und machtsüchtig, mit der heimlichen Ambition, als größter Präsident aller Zeiten in die Geschichte einzugehen, dabei opportunistisch bis zur Selbstverleugnung. Jack hat oft genüßlich die Geschichte erzählt, wie Johnson auf dem Nominierungsparteitag 1960, nachdem sein Versuch gescheitert war, mit lancierten Pressemeldungen über Jacks schwere Krankheit in letzter Minute den Siegeszug der gutgeölten Kennedy-Maschine zu stoppen, händeringend zu Jack und Bobby kam und den Tränen nahe um den Posten des Vizepräsidenten bat. Und lächelnd erzählt Jack auch, wie Johnson unvorsichtig genug war, gegenüber der Schriftstellerin und Freundin der Kennedys Clare Booth Luce zu erklären, warum er diesen machtlosen Posten wollte: «Jeder vierte Präsident ist im Amt gestorben. Das habe ich nachgeschlagen. Ich bin ein Spieler, meine Liebe, und dies ist meine letzte Chance.» Seitdem nennt Jack seinen Vizepräsidenten oft den «Riverboot-Glücksspieler». Für Jacqueline ist Johnson der lebendige Beweis dafür, daß «einer lächeln kann, und immer lächeln, und doch ein

Schurke sein», wie es Hamlet von Claudius sagt. Auf dem Rednerpult läßt er sich durch seine geschmacklose Rhetorik dazu hinreißen, Jack einen «kämpfenden Seemann» zu nennen, «der stolz die Narben seiner Schlachten trägt» – eine unfreiwillig komische Mischung aus Popeye und Coriolan. Im Kreise seiner politischen Freunde aber, so heißt es, tituliert er den Präsidenten als «buckliges Männlein», als «Schwuchtel», als ein «kränkliches Stück Scheiße».

Und an der Seite dieses Möchtegern-Claudius steht eine Claudia. Das Marienkäferchen Claudia «Lady Bird» Johnson, die für sich nichts, für ihren Mann alles will, geradezu eine Karikatur der idealen Politikerehefrau, die sie, Jacqueline, nicht werden wollte und nicht geworden ist. Jacqueline nennt Lyndon Baines und Lady Bird Johnson – sogar die Initialen «LBJ» haben sie gemeinsam – «Hauptmann Maisbrot und sein kleines Schweinekotelett» und parodiert gelegentlich für Dinnergäste oder ihren Stab deren Südstaatenakzent und ländliche Manieren. Bestimmt warten sie unten schon. Nur noch die Haare.

Warum reagiert sie so heftig auf die spießige Intimität der Johnsons, fragt sie sich. Empfindet sie darin vielleicht doch einen Vorwurf gegen ihre eigene Ehe? Aber sie und Jack brauchen die Distanz, einen großen, weiten, kühlen Raum der Privatheit um sich. So wie er sechsmal am Tag das Hemd wechselt, sich immer wieder baden und duschen will, die Betten im Weißen Haus jeden Tag neu beziehen läßt. Wie im Weißen Haus, so haben sie auch hier in getrennten Zimmern geschlafen. Wie aber soll man einem Land, in dem das kleine Familienglück in einem muffigen Eigenheim als Ideal gilt, eine Ehe wie die ihre erklären? Seit ihrem Urlaub in Italien letztes Jahr und der Kreuzfahrt mit Ari in diesem Sommer gibt es wieder Gerüchte um eine Scheidung. Aber Gerüchte wird es immer geben, das hat ihr Rose Kennedy schon bei der Verlobung gesagt. Um so wichtiger ist Jack der Schein einer intakten Ehe und Familie. Haben sie einmal ein paar

Stunden für sich und die Kinder, sorgt er dafür, daß ein Hoffotograf dabei ist, um die Familienszenen für die Illustrierten festzuhalten.

Sie kann – das wissen beide – ihm das Genick brechen, wenn sie diesen schönen Schein zerstört und seine zahlreichen Affären zum Anlaß nimmt, ihn zu verlassen, wie sie es schon einmal angedroht hat. Acht Jahre ist es her. Der damalige Senator Kennedy war beim Kampf um die Nominierung als Vizepräsidentschaftskandidat der Demokraten gescheitert und in seiner Wut und Enttäuschung förmlich nach Europa geflohen, um mit seinem Vater die nächsten politischen Schritte zu beraten und sich anschließend bei einer Kreuzfahrt mit einer Bootsladung hübscher Mädchen zu entspannen. Sie blieb damals allein zurück, hochschwanger, und als sie ein totes Kind zur Welt brachte, vergnügte sich Jack noch irgendwo auf dem Mittelmeer. Eine solch abschätzige Behandlung hätten die anderen Kennedy-Frauen wahrscheinlich, ohne zu klagen, geschluckt, sie aber nicht. Damals hat ihr das Oberhaupt des Kennedy-Clans eine Million Dollar geboten, wenn sie bei seinem Sohn bliebe. Der arme Joe Kennedy! Sie mag den alten Gauner. Ein Mann ohne jede Moral, wie ihr eigener Vater, und darum ohne Heuchelei. Allerdings hatte Joe einen unvergleichlich größeren Ehrgeiz. Merkwürdig, ein wenig unheimlich, daß dieser rastlose, getriebene Mann in dem Augenblick von einem Schlaganfall niedergestreckt wurde, als sich sein Traum einer amerikanischen Dynastie zu verwirklichen begann. Seit einem Jahr sitzt er hilflos im Rollstuhl, sabbert und kann nur noch «Nein, nein, nein!» und «Scheiße!» stöhnen. Sie wird Jack nicht verlassen. Nicht, solange er Präsident ist. Man hat sie vor ihm gewarnt, damals, als sie ihn kennenlernte. Sie erinnert sich noch an den Inaugurationsball von Präsident Eisenhower 1952, als Jacks Freund Lem Billings sie beiseite nahm und ihr von Jacks Frauengeschichten erzählte. Vielleicht hatte Jack ihn sogar darum gebeten, überlegt sie, um sie abzuschrecken und doch noch der Ehe zu entkommen, zu der ihn der alte Joe drängte. Sie hatte sich aber nicht abschrecken lassen, weil sie in ihm einen Ehrgeiz erkannte, der ihrem eigenen gewachsen war. Damals wie jetzt geht es nicht um ein gewöhnliches Eheglück, sondern um ihren Platz in der Geschichte. 1964 steht die nächste Präsidentschaftswahl an und damit die Chance, bis 1968 im Weißen Haus zu bleiben, das Jahrzehnt der sechziger Jahre zu prägen. Von der Ära John und Jacqueline Kennedys, wie von der Ära Franklin und Eleanor Roosevelts, soll man in den Geschichtsbüchern lesen. Darum ist sie hier, in Texas, wo ein Machtkampf innerhalb der Partei ausgebrochen ist, der zum Verlust des Staates und damit der Wahl führen könnte. Johnsons Taktik des zähen Verhandelns und diskreten Erpressens hat diesmal nicht funktioniert. Deshalb wird der ganze Rummel einer Präsidententournee inszeniert, mit ihr als Zirkuskönigin mittendrin, um den Streithähnen klarzumachen: Nur wer 1964 mit Jack und Jackie ist, kann siegen. Zu den wenigen Slogans der Kennedy-Truppe, die sie unterstützen kann, gehört die Behauptung, das kommende Jahrzehnt sei «eine Zeit, die Größe verlangt». Nach 1036 Tagen steht das Urteil der Geschichte noch aus. Bei aller Verschiedenheit ihrer Haltungen zur Politik ist ihr und Jack eine fast romantische Sicht der Geschichte eigen. Ihr aristokratisches Desinteresse an Programmen, an Stimmen und Mehrheiten, sein Verständnis von Geschichte als Bühne, auf der sich der Held inszenieren und bewähren muß, treffen sich in der gemeinsamen Leidenschaft, stilbildend zu wirken, über den Tag hinaus das Gesicht des amerikanischen Jahrhunderts zu prägen und dafür bewundert zu werden. Wer zukünftig an das Weiße Haus denkt, darin sind sie sich einig, ohne je miteinander darüber gesprochen zu haben, soll Jacqueline und John F. Kennedy mitdenken müssen. Privat sind sie «wie zwei Eisberge», wie sie es einmal gesagt hat: kalt und einander größtenteils unbekannt. Politisch sind sie das perfekte Paar. Ein letzter Blick in den Spiegel. Gut. So kann sie sich sehen lassen.

Dollars und Dynastien

Ich erzähle Ihnen mal von den sehr reichen Leuten. Sie sind ganz anders als Sie und ich.

F. Scott Fitzgerald, «The Rich Boy»

Worin besteht die Faszination der Dynastie? Vielleicht in dem trotzigen Traum von der Unsterblichkeit in der Abfolge der Generationen, wenn Gott schon tot ist und sein Himmel verschlossen. Und vielleicht liegt dieser herausfordernde Trotz dem Phänomen zugrunde, daß gerade Amerika so viele Dynastien hervorgebracht hat: die Rockefellers, Astors, Morgans, Fords; die Leute von «Dallas», «Dynasty» und dem «Denver-Clan». Dichtung und Wahrheit vermischen sich im Schauspiel des Kampfs dieser Kapitalistenclans um die dauerhafte Gunst der notorisch treulosen Göttin Fortuna.

Es liegt etwas Frevelhaftes und Verzweifeltes in diesem Versuch. Denn das Konzept der Dynastie bedeutet geradezu, den Tod zu verneinen – wenn das Individuum schon sterblich ist, muß die Unsterblichkeit in der potentiell unendlichen Abfolge der Generationen verwirklicht werden. Ihre Grundlage ist das Vermögen – das unsterbliche Geld, das für folgende Generationen und ihre Zwecke mehr Geld hervorbringen kann. In einer Plutokratie entsteht allerdings immer neues Geld in unerwarteten Ecken und verdrängt in immer schnelleren Zyklen das alte – und mit dem neuen Geld entstehen neue Familien, neue Dynastien, und verdrängen die älteren, die nun ihrer Auslöschung entgegensehen: einem endgültigeren Sterben als dem individuellen Tod, dem sie nichts mehr entgegenzusetzen haben. Und da mögen Nachdenkliche zu spät an die feine Ironie denken, daß Pluto Gott sowohl des Reichtums als auch der Unterwelt ist.

Mehr noch wird unsere Phantasie erregt von dem Versuch, politische Macht zu erringen und dynastisch weiterzuvererben. Aus solchem Stoff sind die historischen Stücke Shakespeares gemacht. Der Versuch muß tragisch enden, das ahnen wir, denn auch hier herrscht Fortuna, und auf ihrem Rad wird man nur emporgetragen, um desto tiefer zu fallen; und dennoch wird er – gerade in Amerika – immer wieder unternommen. Dynastien wie die Familie Long in Louisiana, Daley in Chicago, Rockefeller in New York, Cabot Lodge, Fitzgerald und Kennedy in Massachussetts haben sich im zwanzigsten Jahrhundert, das überall sonst in der Welt den Sturz gekrönter Häupter und die Liquidierung aristokratischer Privilegien mit sich brachte, als eine Art demokratisch legitimierte Aristokratie etablieren können. «Die Idee einer Familie, die Generation auf Generation in der Regierung dient, wie es bei vielen englischen Familien der Fall ist», schrieb Rose Kennedy 1941, «scheint mir eine Vorstellung zu sein, die wir bedenken und in unserem Land fördern sollten.»

Die Tochter des irisch-amerikanischen Berufspolitikers John Fitzgerald aus Boston hatte nicht nur den englischen Hochadel vor Augen. In der ersten Hälfte des 20. Jahrhunderts wurde die Phantasie der amerikanischen Öffentlichkeit beherrscht von der Saga der Familie Roosevelt, aus der die zwei bedeutendsten Präsidenten des 20. Jahrhunderts hervorgingen: Theodore Roosevelt (1901–1909) und Franklin Delano Roosevelt, der als einziger Präsident der USA viermal ins Weiße Haus gewählt wurde (1933–1945). Die Ambitionen und Geschicke der Kennedys, deren Aufstieg und Fall zum aufregendsten Familiendrama in der zweiten Hälfte des 20. Jahrhunderts wurden, sind eng mit der Familiensage der Roosevelts verknüpft, die für die Kennedys zugleich Vorbilder und Gegner waren.

Theodore («Teddy») Roosevelt war ein hingebungsvoller Familienvater, der seine Söhne bewußt im Geiste seiner dynastischen Ansprüche erzog und aus diesen auch gar kein Geheimnis machte. Sein Sohn Theodore Junior hatte das Weiße Haus fest im Visier. Womit diese Republikanischen *Oyster Bay Roosevelts* (so genannt nach ihrem Wohnsitz) nicht gerechnet hatten, waren der Ehrgeiz und das politische Genie eines Angehörigen der Demokratischen *Hyde Park Roosevelts,* auf die man in Oyster Bay immer herabgesehen hatte. «Da saßen wir – *die* Roosevelts – Hybris bis über beide Ohren», schrieb Teddys Tochter Alice. «Und wer erhob sich? *Nemesis* in Gestalt Franklins.»

Den ersten Schachzug im Spiel um das Weiße Haus hatte Franklin getan, als er 1905 eine entfernte Cousine heiratete: Teddys Nichte Eleanor Roosevelt. Der Präsident selbst erschien, um die Tochter seines an Trunksucht zugrunde gegangenen Bruders zum Altar zu führen. Indem er beide Zweige der Familie verband, konnte der junge Franklin den legendären Namen seines angeheirateten Onkels auch für seine eigenen Zwecke einsetzen, was er auch ohne Skrupel tat. Als er schließlich Präsident wurde und damit die Hoffnungen der *Oyster Bay Roosevelts* zunichte machte, kannte ihre Wut keine Grenzen. «Lieber würde ich Hitler wählen», meinte Alice 1944 auf die Frage eines Reporters, ob sie Franklins dritte Amtszeit unterstütze; und als sie dennoch eine Einladung ins Weiße Haus annahm, klagte ihr Bruder Theodore in einem Brief an seine Mutter, sich Franklin derart anzubiedern sei genauso verwerflich «wie ein ähnliches Verhalten gegenüber dem Feind im Krieg».

Auch Franklin Roosevelt hegte dynastische Hoffnungen. Seine Söhne James und Franklin Junior betraute er mit wichtigen Aufgaben, um sie auf eine Karriere in der Politik vorzubereiten, und ihnen schienen alle Türen offenzustehen, zumal ihre Mutter Eleanor nach dem Tod des Präsidenten die unbestrittene moralische Autorität der Demokratischen Partei und Sprachrohr des Reformflügels wurde. Noch 1960 erhob sie ihre Stimme gegen die Nominierung John F. Kennedys als Präsidentschaftskandidat. Da waren allerdings die dynastischen Träume der Roosevelts bereits fast ausgeträumt. Franklin D. Roosevelt jr. durfte mit seinem Namen bei den Bergarbeitern und armen Bauern von Kentucky und Tennessee – die seinen Vater wegen seiner Parteinahme für die kleinen Leute und gegen die «Könige unserer Wirtschaftsordnung» immer noch als Heiligen verehrten – für John F. Kennedy auf Stimmenfang gehen und wurde dafür mit dem unbedeutenden Posten eines stellvertretenden Handelsministers belohnt.

Wie Teddy Roosevelts Kinder verbrachten die Kinder Franklin Roosevelts ihr Leben im Schatten eines dynastischen Anspruchs und ihrer eigenen Unfähigkeit, diesem Anspruch gerecht zu werden. «Man fragt mich, warum ich nicht Präsident geworden bin», räsonierte James. «Ich habe wohl nicht die richtigen Knöpfe gedrückt.» Auf Knopfdruck war die Präsidentschaft allerdings auch für einen Roosevelt nicht zu haben.

«Die Fackel», sagte John F. Kennedy bei seiner Amtseinführung am 20. Januar 1961, «ist weitergereicht worden ...» – und wenn sich diese Worte eigentlich auf den augenfälligen Generationswechsel zwischen dem müden alten Berufssoldaten Eisenhower und dem forschen jungen Millionärssohn Kennedy bezogen, so signalisierten sie den Hyde-Park-Roosevelts doch auch den Sieg der *Nemesis* – die lange vorbereitete Rache und Genugtuung eines früheren Mitarbeiters und späteren Rivalen des Präsidenten Franklin Roosevelt: Joseph Patrick Kennedy – Sohn eines irischen Gastwirts aus Boston, Vater des neuen Präsidenten der USA.

21 Jahre zuvor war Joseph Kennedy bei dem Versuch gescheitert, Franklin Roosevelts Wiederwahl zu verhindern und selbst Präsident zu werden. Seitdem hatte «Joe» seine Söhne Joe junior, John, Robert («Bobby») und Edward («Ted») auf die Aufgabe vorbereitet, die Scharte auszuwetzen. Dieser Auftrag wurde von den Söhnen todernst genom-

Die Kennedy-Familie 1934. Joseph jun., ältester Sohn und «verlorener Prinz» des Hauses Kennedy, der auf diesem Foto fehlt, fällt 1944. John (neben den Eltern) kandidiert 1960, Robert (dritter von links) 1968 und Edward (links außen) 1980 um die Präsidentschaft der Vereinigten Staaten. John wird 1963 ermordet, Robert 1968. Edward ist am Ende des amerikanischen Jahrhunderts immer noch Senator für den Staat Massachussetts.

men. So schrieb Rose Kennedy in einem Familienrundbrief 1942: «[Jack] glaubt, es wäre gut für Joes politische Karriere, wenn er [Jack] für die große alte Fahne sterben würde ...» Tatsächlich aber fiel dann Joe Jr., und der verbitterte Vater nannte Roosevelt, der alles getan hatte, um die USA in den Krieg gegen die Achsenmächte hineinzumanövrieren, fortan nur noch den «verkrüppelten Bastard, der meinen Sohn Joe getötet hat».

Aus ihren dynastischen Plänen machte die Familie kein Hehl. Bereits 1957 konnte man in der *Saturday Evening Post* lesen: «Begeisterte Anhänger der Kennedys ... sehen mit Zuversicht dem Tag entgegen, an dem Jack im Weißen Haus sein wird, Robert dem Kabinett als Justizminister angehört und Ted den Staat Massachussetts als Senator vertritt.» Drei Jahre später war es soweit. In den Medien wurde darüber spekuliert, daß Bobby 1968, Ted 1976 für die Präsidentschaft kandidieren würden. Nach Ablauf der zweiten Amtszeit Edward Kennedys und einem knappen Vierteljahrhundert ununterbrochener Herrschaft der «Großen Brüder», so witzelte man auf Washingtoner Partys, würden die Amerikaner im Orwell-Jahr 1984 der Wiedereinführung der Monarchie keinen großen Widerstand mehr entgegensetzen.

Robert Kennedy bewarb sich 1968 tatsächlich um die Präsidentschaft, wurde aber von den Kugeln eines Mörders in einer Hotelküche in Los Angeles niedergestreckt. Der von Skandalen und den Schatten seiner toten Brüder verfolgte Ted machte 1980 einen letzten, halbherzigen und erfolglosen Versuch, die ihren Händen entglittene Fackel wieder aufzunehmen. Der Titel «The King» wurde jedoch einem Mann verliehen, dessen Aufstieg sich in den fünfziger Jahren parallel zum Aufstieg John F. Kennedys vollzog und dessen Karriere wie ein ironischer, kontrapunktischer Kommentar zur Karriere Kennedys, wie eine alternative Fassung des amerikanischen Traums, wirkt: Elvis Presley. Kennedy verkörperte den politischen Führungsanspruch der Aristokratie des

Nordens; Presley war die Inkarnation der *poor white trash,* des weißen Südstaatenproletariats und seiner Kultur. Beide Männer waren Objekte der Begierde und bauten darauf ihre Karrieren; während John Kennedy aber die Nation zu einem neuen Asketismus, zu Anstrengungen und Opfern im Kampf gegen den Kommunismus und um die «moralische Führerschaft auf diesem Planeten» (Robert Kennedy) aufrief, «gab Elvis Presley den weißen Amerikanern ihre Körper zurück», so Eldridge Cleaver, und rief zum Bacchanal. In Kennedys Rhetorik lebte das seit den Pilgervätern fortwirkende Selbstverständnis Amerikas als Utopie, als Vorbild für den Rest der Welt, als «Stadt auf dem Berg», wieder auf; in Presleys Musik und Bewegungen die in der amerikanischen Unabhängigkeitserklärung als Menschenrecht formulierte *pursuit of happiness.*

Wie anmaßend das dynastische Selbstverständnis der neuen Administration sich gerierte, drückte sich auch in einem Gedicht aus, das der Poet Robert Frost auf Einladung Kennedys für die Amtseinführung geschrieben hatte. Dessen Schlußzeilen lauten: *It makes the prophet in us all presage / The glory of a next Augustan age / … / A golden age of poetry and power / Of which this noonday's the beginning hour.* Ohne den Versuch zu unternehmen, die klassischen Jamben und klappernden Couplets des Originals zu imitieren, könnte man übersetzen: *So ahnt prophetisch etwas in uns allen / Ein strahlend neues augusteisches Zeitalter / … / Ein goldenes Zeitalter voll Poesie und Macht / Das in dieser Mittagsstunde anbricht.*

Augustus Cäsar hatte ja nicht nur die *pax romana* verkündet, die Poesie und die Künste, sofern staatstreu, gefördert, sondern auch das erbliche römische Kaisertum etabliert. Einen solchen Vergleich hätten sich, so möchte man glauben, die Gründungsväter der amerikanischen Demokratie, Thomas Jefferson und Abraham Lincoln, verbeten.

Als Frost allerdings bei der Inaugurationsfeier das Manuskript seines Gedichts entfaltete und verlesen wollte, blendete ihn die vom Schnee und von den weißen Stufen des Kapitols reflektierte Sonne dieser Mittagsstunde so sehr, daß der Prophet davor bewahrt wurde, seine falsche Ahnung kundzutun, und statt dessen ein anderes, unverfänglicheres Gedicht aufsagen mußte, das er auswendig kannte.

Die Kennedys repräsentierten nicht nur eine neue Generation und eine neue Dynastie, sondern auch einen Paradigmenwechsel innerhalb der herrschenden Klasse Amerikas. Bis zum Zweiten Weltkrieg war Amerika fest in der Hand der sogenannten WASP-Oberschicht: *weiß, angelsächsisch* und *protestantisch*. Zu dieser Oberschicht gehörten auch einige Familien schottischer, deutscher und französischer Abstammung sowie die «Knickerbocker»-Familien aus New York, Abkömmlinge der früheren holländischen Kolonialisten wie die Roosevelts. 60 Familien, so schätzte Ferdinand Lundberg in einem aufsehenerregenden Buch 1937, beherrschten die wichtigsten amerikanischen Institutionen: Eliteschulen und renommierte Hochschulen, Wall Street, die Medien, das Weiße Haus. Fast alle gehörten der WASP-Oberschicht an. Doch innerhalb dieser Schicht, selbst innerhalb der 60 Familien, gab es feine und nicht so feine Abstufungen. In Boston, wo die Kennedys herkommen, hieß es von den beiden vornehmsten Familien, die Saltonstalls sprächen nur mit den Cabot Lodges, die Cabot Lodges aber nur mit Gott. Und im weniger puritanischen New York war es nicht viel anders. 1924 wies Mrs. John King Van Rensselaer mit vornehmer Mißbilligung darauf hin, daß die New Yorker Gesellschaft zwar von den Vanderbilts, Astors, Morgans, Davidsons, Belmonts, Vanderlips, Villards und Goulds dominiert werde, daß aber nur eine dieser Familien «vor dem Bürgerkrieg gesellschaftliches Ansehen genossen» habe – die Astors nämlich, die aber auch nur von einem «Klavierhändler aus Walldorf in Deutschland» abstammten. Keine einzige dieser Familien könne ihren Stammbaum bis zur

Revolution zurückverfolgen, geschweige denn in die Kolonialzeit. Die traumhaft reichen Rockefellers galten in den besseren Kreisen schlicht als nicht gesellschaftsfähig, und es leben noch heute Menschen, die sich daran erinnern können, daß ihnen von standesbewußten Großeltern verboten wurde, mit den Rockefeller-Kindern – «den Enkeln von Gangstern» – zu spielen. Der Romancier Louis Auchincloss, dessen Familie mit 21 Eintragungen im *Social Register* – dem *Who's Who* der amerikanischen Aristokratie – als eine der vornehmsten Sippen Amerikas gelten kann, erinnert sich: «Für uns gehörten die Rockefellers in die gleiche Kategorie wie die Vanderbilts. Es fiel uns schwer, sie ernst zu nehmen.» Und sein Kollege und Verwandter Gore Vidal fügt hinzu: «Die Auchinclosses neigten dazu, die Astors als protzig zu verachten.»

Von der Familie Auchincloss wird noch zu reden sein, denn als Jacqueline 13 Jahre alt war, heiratete ihre Mutter Janet in zweiter Ehe das Familienoberhaupt Hugh Dudley Auchincloss Junior. Nur so viel sei hier angemerkt, daß die aristokratischen Prätentionen der auf ihre schottische Abstammung stolzen Familie inzwischen hohl geworden waren. Denn ihr altes Geld war längst aufgebraucht, und Hugh D. («Hughdie») Auchincloss verdankte seinen beträchtlichen Reichtum der Ehe seines Vaters mit Emma Brewster Jennings, deren Vater wiederum die Standard Oil Company zusammen mit dem «Gangster» John D. Rockefeller gegründet hatte. (Der Romancier Louis Auchincloss heiratete übrigens später seinem Snobismus zum Trotz eine Vanderbilt.)

Wenn schon Familien wie die Rockefellers trotz ihrer ethnischen Sauberkeit und religiösen Korrektheit – John D. Rockefeller war überzeugter Baptist – von der guten Gesellschaft eher gemieden wurden, so waren jene, die nicht einmal zur WASP-Schicht gehörten – Juden, Süd- und Osteuropäer, irische Katholiken wie die Kennedys –, wie durch eine gläserne Mauer davon ausgeschlossen. Joseph P. Kennedy hatte im Bankgeschäft angefangen und konnte sich an Stellenanzeigen erinnern, in denen es hieß: «Iren brauchen sich nicht zu bewerben.» Mit windigen Börsenmanipulationen von der Art, die 1929 zum großen Börsenkrach führten und die er selbst als Franklin Roosevelts Beauftragter für die Börsenreform verbieten ließ, mit dem Vertrieb von schottischem Whisky und B-Pictures aus Hollywood hatte es Kennedy zum zwölftreichsten Mann Amerikas gebracht; aber seine Frau Rose und seine Töchter wurden nie zu den Bällen der «netten Leute von Boston» eingeladen, wie Rose sie nannte, und Joe selbst wurde weder in Boston noch in seinem Wintersitz Palm Beach von den besseren Clubs als Mitglied aufgenommen. «Ich wurde hier geboren. Meine Kinder wurden hier geboren. Was zum Teufel muß ich noch tun, um Amerikaner zu werden?» rief er verzweifelt aus. Amerikaner werden hieß für ihn offensichtlich: von den WASPs akzeptiert werden.

Auf solche Kränkungen reagierte Joe Kennedy durchaus ambivalent. Sie nährten bis an sein Lebensende seine Ressentiments gegen die WASP-Aristokratie, getreu seinem Motto: «Don't get mad, get even» – reg dich nicht auf, räche dich. Ein Vehikel dieser Rache war die Politik. Nicht zuletzt deshalb gehörte er zu den frühen Unterstützern Roosevelts, in dem er zugleich einen Retter des Kapitalismus und einen Verräter seiner Klasse – der WASP-Aristokratie – erblickte. Nachdem Joes Befürwortung einer Verständigung mit Hitler zum Bruch mit Roosevelt und zu Joes politischem Sturz geführt hatte, übertrug er diese Motivation auf seine Söhne. «Dieses Land ist nicht Privateigentum der Protestanten» – mit diesen Worten ermunterte er 1956 seinen Sohn zum Kampf um die Präsidentschaft.

Aber Joe arbeitete zugleich fieberhaft daran, für sich oder wenigstens für seine Kinder den Zugang zur herrschenden Schicht doch noch zu erzwingen. Auch dafür war die Politik Mittel zum Zweck. Von Roosevelt ließ sich der in außenpolitischen Dingen völlig unerfahrene Börsenspekulant 1937 zum Botschafter in Großbritannien ernennen, wo er mit dem englischen Hochadel Umgang pflegte und mit der Familie bei Hof empfangen wurde. «Pack nicht viel ein», sagte er einem Assistenten vor der Abreise. «Wir bleiben nur so lange, bis wir einen Eintrag im *Social Register* haben, dann gehen wir zurück nach Hollywood und machen ein bißchen Geld.»

Selbst Opfer eines Rassenvorurteils, teilte Joe Kennedy ansonsten die Rassenvorurteile der amerikanischen Oberschicht. Gegenüber dem deutschen Botschafter in London, Herbert von Dirksen, erklärte der neuernannte Botschafter der USA, die Politik des Führers gegenüber den Juden verstehe er vollkommen, schließlich würden auch in Boston keine Juden in die besseren Clubs aufgenommen. Seine Söhne schickte er nicht auf katholische Schulen, sondern auf die Internate, in denen die WASP-Aristokratie ihren Nachwuchs erziehen ließ, so daß sie die Sportarten der Oberschicht, ihren besonderen Dialekt, ihren Geschmack, ihre Manieren und ihre Haltung lässiger Überlegenheit übernahmen und äußerlich von den Zöglingen der «besseren» Familien kaum zu unterscheiden waren. «Es kommt nicht darauf an, was du bist», schärfte er ihnen ein, «sondern wofür dich die Leute halten.» Er hielt sie an, den Umgang mit Menschen zu pflegen, die jene «Klasse» besaßen, die nur altes Geld oder echter Adel verleihen können. Und darum gehörte er zu den entschiedensten Befürwortern der Ehe seines Sohns Jack mit Jacqueline Bouvier. «Ein Politiker muß eine Frau haben, und ein katholischer Politiker muß eine katholische Frau haben. Sie muß Klasse haben. Jackie hat mehr Klasse als irgendein anderes Mädchen, das wir hier gesehen haben», erklärte er.

Jacquelines Vater John Vernou Bouvier III., genannt «Black Jack» wegen seiner dunklen Haare, seiner sorgfältig gepflegten Bräune und seiner unzähligen Frauengeschichten, war zwar wie Joe Kennedy Katholik und Börsenspekulant, ein geschiedener Katholik und gescheiterter Spekulant obendrein. Die Bouviers stammten aber, so war es schwarz auf weiß in ihrem als Buch gedruckten Familienstammbaum nachzulesen, von hohen französischen Adligen ab, zu denen nicht nur Herzöge und Herzoginnen, Gräfinnen und Grafen, sondern auch ein Prinz, ja sogar ein König gehörten. Menschen von solchem Blut wurde ihr quasi erblicher Katholizismus nachgesehen. Selbstverständlich waren die Bouviers im *Social Register* aufgelistet. Jacquelines Mutter Janet Lee stammte angeblich von der alteingesessenen «Familie Lee aus Virginia» ab; und in zweiter Ehe hatte sie ja in die Familie Auchincloss eingeheiratet. Eine bessere Partie konnte sich der Sohn Joe Kennedys gar nicht wünschen. Die Verbindung mit Jacqueline bildete den Schlüssel zum Eintritt in die bessere Gesellschaft, einen unschätzbaren Vorteil auf dem langen Marsch zum Weißen Haus. Die Braut und ihre Eltern hingegen hatten zunächst Bedenken – Black Jack Bouvier vor allem deshalb, weil er Joe Kennedy haßte, dessen Börsenreform ihm finanziell das Genick gebrochen hatte; Janet Lee, weil sie das Gefühl hatte, Jacqueline heirate unter ihrem Stand; Jacqueline, weil «die Kennedys so furchtbar *bourgeois* sind».

Der Hochmut der Janet Lee Bouvier Auchincloss gegenüber den Kennedys war mehr Camouflage der dunklen Flecke in der eigenen Familienbiographie. Denn erstens stammte Janet selbst keineswegs aus der Aristokratie des Alten Südens (und auch nicht von einer jüdischen Familie namens Levy, wie Gore Vidal böse behauptet): Ihre Großeltern waren zur selben Zeit wie die Großeltern Joe Kennedys als arme irische Einwanderer nach Amerika gekommen. Und zweitens war, was Janet vielleicht nicht wußte, der Stammbaum der Bouviers eine reine Erfindung ihres Schwiegervaters gewesen, der mit dieser Familienromanze den Zugang der Bouviers zu den besseren Kreisen erschwindelt und die Tatsache vertuscht hatte, daß seine Familie von armen Bau-

Die Hochzeit des Jahres, 12. September 1953. «Wie in allen Dingen war Papa Joe der Zirkusdirektor. Er behandelte die Hochzeit wie eine jener großen Hollywood-Produktionen, die er früher finanzierte. Er wußte, daß es sich um die Hochzeit eines künftigen amerikanischen Präsidenten handelte und daß man darüber in den Geschichtsbüchern lesen würde. Das war sein großer Plan.» (So John Kennedys Freund Chuck Spalding.) Papst Pius XII. schickte dem Paar seinen Apostolischen Segen, und die Hochzeitsfeier «übertraf die Astor-Hochzeit von 1943 bei weitem», wie die *New York Times* feststellte.

ern abstammte – *bouvier* bedeutet «Kuhhirt» – und der erste amerikanische Bouvier ein Möbeltischler gewesen war.

Und auch mit dem Vermögen der Familie Auchincloss war es nicht weit her. «Ihr Reichtum stammt aus einer vergangenen Ära», erzählte Joe Kennedy einem Freund. «Die meisten dieser Familien halten nur noch die Fassade aufrecht und machen dafür überall Schulden.» Kennedys Privatvermögen hingegen wurde auf 400 Millionen Dollar geschätzt. Mochte eine Verbindung mit den Kennedys unter dem Gesichtspunkt des gesellschaftlichen Ansehens auch unattraktiv sein – vom finanziellen Standpunkt aus war sie fast unwiderstehlich.

Und so fand am 12. September 1953 in der katholischen Marienkirche von Newport (Rhode Island) die Hochzeit des Jahres statt. Draußen drängelten sich über 3000 Schaulustige, drinnen war die Kirche ein Meer bunter Blumen und teurer Kleider. Die Braut trug weiß und war atemberaubend schön; der Bräutigam war braungebrannt und sah blendend aus, wirkte aber etwas verloren. Seine Eltern strahlten. Die Mutter der Braut vergoß einige Tränen, der Vater der Braut lag besinnungslos betrunken in einem Hotelzimmer, so daß Jacqueline von ihrem Stiefvater Hughdie Auchincloss zum Altar geführt wurde. Daß der ein wenig anrüchige Black Jack durch eine solche Säule der WASP-Aristokratie ersetzt wurde, war Joseph P. Kennedy nur recht, und es mangelte nicht an Verschwörungstheoretikern, die der Ansicht waren, der Erzintrigant Joe habe dafür gesorgt, daß Jack Bouvier zuviel des guten Stoffs zu sich genommen hatte. Am Altar wartete Kardinal Richard Cushing, der zehn Jahre später auf dem Friedhof von Arlington – dem ehemaligen Garten des Südstaatengenerals Robert E. Lee, des ruhmreichen Abkömmlings der Familie Lee aus Virginia – die Leiche des Präsidenten John F. Kennedy aussegnen und der Erde überantworten sollte.

Nach der kirchlichen Trauung fand bei strahlendem

Herbstwetter auf dem nahe gelegenen Sommerlandsitz der Familie Auchincloss mit Blick auf die Schaumkronen der Bucht von Narragansett ein von Joseph Kennedy bezahlter Empfang für dreizehnhundert Gäste statt, die meisten von ihnen politische und geschäftliche Freunde der Familie Kennedy oder solche, die es werden sollten. Drei Stunden lang schüttelte das Brautpaar Hände und lächelte in die vorüberziehenden Gesichter. Am Abend flogen John und Jacqueline Kennedy im Privatflugzeug nach New York. In einer Suite im Waldorf-Astoria-Hotel verbrachten sie die erste Nacht ihres Ehelebens.

Es war eine Ehe, die so gut wie irgendeine europäische Fürstenverbindung von dynastischen, finanziellen und politischen Erwägungen bestimmt worden war – Erwägungen, die John und Jacqueline Kennedy nicht als fremd oder ihnen äußerlich empfanden, sondern als Angehörige ihrer Klasse selbstverständlich akzeptiert und internalisiert hatten, die Bestandteil ihrer Weltsicht, ihrer Erfahrungen und Erwartungen waren. Wenn solche Rücksichten – noch mehr als ihr katholischer Glaube – die Ehe zum äußerlichen Erfolg des Kinderkriegens und Zusammenbleibens verdammten, so mußte dennoch ihre persönliche Beziehung im Rahmen dieser Ehe von ihnen selbst definiert, ihre Intensität und ihr Stil von ihnen selbst gestaltet werden. Welche persönlichen Erwartungen und Voraussetzungen brachten sie in diese Ehe ein?

Die Zirkusprinzessin

Die Griechen ... hielten den Mythos für eine Aktivität der Daimonen und glaubten, daß die Daimonen unsere Charaktere und unsere Leben formen. Ich habe oft der Fantasie nachgehangen, daß es für jeden Menschen einen Mythos gibt, der, wenn wir ihn nur kennten, alles, was dieser Mensch tat und dachte, verständlich machen würde.

W. B. Yeats am Grab Shakespeares

Als sie mit einem Gehirntumor im Sterben lag, sah sich Jacqueline Bouvier Kennedy Onassis ein Fernseh-Feature über ihr eigenes Leben an: der stilgerechte Abgang für eine Diva, die stets um ihr öffentliches Spiegelbild besorgt war – ein Bild, das ihr, so schien es zuweilen, wichtiger war als das Leben selbst. Im abgedunkelten Zimmer schimmert bläulich der Fernsehspiegel, der ihr so oft versichert hat, sie sei die Schönste im ganzen Land. Welche Erinnerungen ruft er jetzt im Kopf der zwischen Leben und Tod schwebenden Frau wach?

Orte, Gesichter und Stimmen ihrer Kindheit vielleicht – das vornehme Stadthaus in Manhattan, das Sommerhaus auf Long Island; die Gesichter und Stimmen ihrer Eltern – im Streit erhoben, denn Black Jack Bouvier und Janet Lee Bouvier stritten von Anfang an wegen seiner Frauengeschichten, seines Alkoholkonsums, seiner Wettleidenschaft – vor allem aber um Geld. Drei Monate nach Jacquelines Geburt am 28. Juli 1929 hatte der New Yorker Börsenkrach Jack Bouvier den Teppich unter den handgearbeiteten Schuhen weggezogen, und die Börsenreform des *New Deal* hatte ihm den Rest gegeben. Dem Gestürzten fehlte die puritanische Selbstdisziplin, sich wieder auf die Beine zu stellen; Kredite, Darlehen und Ersparnisse wurden verjubelt, und Janet fürchtete um ihre mühsam errungene gesellschaftliche Position. Als Jacqueline sieben Jahre alt war, trennten sich die Eltern; drei Jahre später wurden sie geschieden. Wie viele Scheidungskinder zog sich Jacqueline von der Außenwelt zurück, wurde verschlossen, zuweilen depressiv, ängstlich und mißtrauisch. Vor dem ständigen Streit der Eltern, den gefährlichen Launen und der Prügelstrafe der Mutter flüchtet sie sich in einen wiederkehrenden Tagtraum, den sie immer weiter ausschmückt: In einem Eisenbahnzug rast sie von zu Hause fort und tritt als glitzernde Zirkusprinzessin allabendlich ins blendende Licht der Manege ...

Szenenwechsel – Merrywood, Sitz der Familie Auchincloss, ein imposanter, aber geschmackvoller Backsteinbau auf 46 Morgen Land unweit Washingtons mit Blick auf den milchkaffeebraunen Potomac. Man kann das Anwesen heute im Touristenbus besuchen, das olympische Schwimmbad bestaunen, die Garage für vier Limousinen mit den darüber liegenden Bedienstetenwohnungen, die hauseigene Autowaschanlage, die Badmintonhalle und die Reitställe, den riesigen Speiseraum und die für 300 Gäste eingerichtete Küche. Jacqueline Bouviers winziges Zimmer im zweiten Stock ist allerdings nicht zu besichtigen – es wird von den neuen Besitzern als Wäschekammer benutzt.

Die Fremdenführerin weist darauf hin, daß Janet Lee Bouvier «von der Familie Lee aus Virginia» abstammt – Legenden sterben langsam. Aber neben ihrem zweifelhaften Stammbaum brachte die neue Herrin auf Merrywood kein eigenes Vermögen in die Ehe ein, und wenn es ihnen im Hause Auchincloss auch an keinem Luxus fehlte, so mußten Jacqueline und ihre Schwester Lee wegen jeder zusätzlichen standesgemäßen Anschaffung, ob es sich um ein neues Ballkleid oder ein eigenes Pferd handelte, den Stiefvater angehen und fühlten sich darum inmitten dieses Reichtums doch als Aschenputtel. Um so mehr klammerten sie sich an die aristokratische Familienromanze der Bouviers. Lee sollte später einen echten – wenn auch exilierten und ziemlich lebensuntüchtigen – polnischen Prinzen heiraten. Jacqueline wurde darüber hinaus durch das Beispiel der Mutter in der Erkenntnis bestärkt, daß bei der Eheschließung gesellschaftliche, finanzielle und praktische Erwägungen den Ausschlag geben sollten. Janet brauchte Sicherheit, Luxus und sozialen Status; der gemütliche Hughdie Auchincloss bot das alles im Übermaß. Von sexueller Attraktivität etwa konnte bei ihm aber kaum die Rede sein. Von Janets unmittelbarer Vorgängerin, Hughdies zweiter Frau Nina, stammt die genüßlich von ihrem Sohn Gore Vidal weitergegebene Anekdote, Hughdie habe an mangelnder Erektionsfähigkeit gelitten, so daß Nina – und vermutlich auch Janet – ihre Imprägnation mit Hilfe eines Teelöffels bewerkstelligen mußte, womit das englische Sprichwort von den Reichen, die «mit einem silbernen Löffel im Mund geboren werden», eine neue Nuance erhält: Manche werden damit schon gezeugt.

Mit fünfzehn wurde Jacqueline – wie damals in guten Familien üblich – ins Internat gesteckt: Miss Porter's School in Farmington, Bundesstaat Connecticut, war eine der vornehmsten Schulen im Land. Anders als der gesellige John F. Kennedy, der überall Menschen um sich scharte, Freunde machte und Einfluß gewann, hielt sich die verträumte Zirkusprinzessin meistens abseits von den anderen Mädchen. Zeit ihres Lebens konnte die Vatertochter Jacqueline wenig mit Frauen anfangen und bevorzugte die Gesellschaft von Männern – oder von Pferden. In Farmington hielt sie sich eine Stute, die wie sie auf einen französischen Namen hörte: *Danseuse*. Pferde blieben eine lebenslange Leidenschaft, und Jacqueline war eine gute und furchtlose Reiterin. Im Weißen Haus ließ sie einmal eine Verabredung mit dem *National*

Council of Negro Women platzen, um an einer Fuchsjagd teilzunehmen.

Bei Miss Porter's lernte Jacqueline trotz ihrer Zurückhaltung zwei junge Frauen kennen, die enge Freundinnen wurden und ihr später im Weißen Haus als persönliche Sekretärinnen dienen sollten: Letitia «Tish» Baldridge und Nancy «Tucky» Tuckerman. «Sie kennenzulernen … hieß, sie nie vergessen zu können», sagte Tish Baldridge später. «Sie war eine natürliche Schönheit … Noch wichtiger beim ersten Eindruck war mir aber ihre Stimme – unvergeßlich, dieser weiche, gehauchte Tonfall.» Über ihre Wirkung auf Männer gibt es widersprüchliche Berichte. Tish Baldridge glaubt, die Studenten aus Yale und Harvard, die gelegentlich zu Besuch kamen, seien von Jacqueline «furchtbar eingeschüchtert» gewesen: «Sie war so auffällig schön und benahm sich so königlich. Sie konnte wirklich überwältigend sein.» Eine vornehme Gastgeberin hingegen erinnerte sich später, Jacqueline sei eine «frühreife Sechzehnjährige» gewesen, die bei Tanzabenden in den Häusern der Geldaristokratie von Long Island «ständig von Jungen umlagert wurde. Schon damals stand sie im Mittelpunkt der Aufmerksamkeit, und das machte die anderen Mädchen natürlich ziemlich eifersüchtig … Sie war von auffallender Schönheit, aber man hatte das ganz bestimmte Gefühl, daß sie ehrgeizig war, daß sie sozial aufsteigen wollte.»

In ihrem Abschlußjahr bei Miss Porter's wurde die achtzehnjährige Jacqueline Bouvier von der nationalen Presse als Schönheit entdeckt. Der New Yorker Klatschkolumnist Cholly Knickerbocker kürte sie 1947 zur «Debütantenkönigin des Jahres». «Amerika ist ein Land der Traditionen», stellte er fest. «Alle vier Jahre wählen wir einen Präsidenten, alle zwei Jahre unsere Kongreßabgeordneten. Und jedes Jahr wird eine neue Debütantenkönigin gekrönt. Königin dieses Jahres ist Jacqueline Bouvier, eine hochgewachsene Brünette mit klassischen Gesichtszügen und der Zartheit von Dresde-

Schon als kleines Kind war Jacqueline Bouvier eine ausgezeichnete Reiterin, hier bei einem Ausritt mit ihrer Mutter.

ner Porzellan. Sie spricht mit leiser Stimme, ist gewandt und intelligent ... Ihr Familienhintergrund ist durch und durch ‹alter Adel›.» Cholly Knickerbocker hieß mit bürgerlichem Namen Igor Cassini und war ganz und gar nicht «alter Adel». Er betätigte sich unter anderem als Lobbyist für den Diktator der Dominikanischen Republik Rafael Trujillo. Nachdem Trujillo mit Hilfe der CIA 1961 ermordet worden war, beging Igor Selbstmord. Sein Bruder Oleg wurde Jacqueline Kennedys Modeberater im Weißen Haus.

Ein nüchterneres Porträt der jungen Dame lieferte Jacqueline selbst: «Ich bin groß, einssiebzig, mit braunen Haaren, einem quadratischen Gesicht und Augen, die unglücklicherweise so weit auseinanderliegen, daß ich immer drei Wochen auf eine Brille warten muß, die mir richtig auf der Nase sitzt», schrieb die Zwanzigjährige mit der für sie typischen unbarmherzigen Selbstironie. «Meine Figur ist nicht gerade sensationell, aber ich kann schlank aussehen, wenn ich die richtigen Sachen trage. Wenn ich aus dem Haus gehe, bilde ich mir manchmal etwas darauf ein, den Pariser Chic des kleinen Mannes zu verkörpern, aber oft rennt mir meine Mutter hinterher und klärt mich darüber auf, daß meine linke Strumpfnaht nicht richtig sitzt oder mein Mantelknopf oben rechts drauf und dran ist abzufallen. Das ist, wie mir sofort klar wird, die Eine Unverzeihliche Sünde.»

Wenn Jacqueline von ihrer Mutter einiges über sozialen Aufstieg, Stil und Auftritt lernen konnte, so war Black Jack ihr Mentor in Sachen Männer. Mit Vorliebe führte der alternde Lebemann seine älteste Tochter zum Einkaufen in die vornehmen Geschäfte Manhattans und anschließend in die besten Restaurants und teuersten Nachtclubs. Sie wurde seine Vertraute und Elevin, die seine Verführungskünste bewundern und seine Mätressen begutachten durfte; die von ihm unterwiesen wurde, wie eine Frau sich anzuziehen, sich zu bewegen, einen Mann anzusehen und ihm zuzuhören habe, um ihn zu fesseln. Wenn es so etwas wie geistigen Inzest gibt, so liegt er hier vor. So sehr allerdings der *compulsive womanizer* Jack Bouvier auf die schnelle Eroberung aus war – seiner geliebten Tochter schärfte er die erste Regel des Kampfs der Geschlechter ein, der zufolge die Frau ewig locken, sich aber nicht «erobern» lassen dürfe, wenn sie den Respekt des Mannes nicht verlieren wolle. Das war nicht einfach prüde, spießige Doppelmoral; Black Jack urteilte nicht moralisch, sondern vermittelte Lebenserfahrung. Der Sex, das lernte Jacqueline früh, war nicht sinnliche Hingabe zweier Menschen aneinander, sondern Waffe in einem Machtkampf.

Die meisten Mädchen bei Miss Porter's konnten damit rechnen, in einigen Jahren eine gute Partie zu machen und nach der Hochzeit ein angenehmes, sorgenfreies und bedeutungsloses Leben an der Seite eines Bankdirektors oder hohen Ministerialbeamten zu führen. Eine solche Zukunftsvorstellung entsprach Jacqueline Bouviers romantischen Neigungen nicht im geringsten. «Ich wollte keinen der jungen Männer heiraten, die ich als Heranwachsende kennenlernte», sagte sie später. «Nicht wegen ihrer Person, sondern wegen ihres Lebens. Ich wußte nicht, was ich wollte.» Ins Jahrbuch ihrer Abschlußklasse schrieb sie einstweilen unter der Rubrik *Lebensziel*: «Keine Hausfrau sein» – dick unterstrichen.

Das hieß allerdings nicht, daß Jacqueline ernsthaft an eine Karriere dachte. Frauen standen Ende der vierziger Jahre ohnehin nur wenige Türen offen, und die typischen Frauenberufe – Lehrerin, Ärztin usw. – hätten für eine junge Dame von Familie einen sozialen Abstieg bedeutet. Letztlich würde auch ihr nichts anderes übrigbleiben als die Ehe. Es müßte aber eine Ehe zu ihren Bedingungen sein. Zu diesen Bedingungen gehörten weder Liebe noch Treue – «ich glaube nicht, daß es irgendeinen Mann gibt, der seiner Frau treu ist», sagte sie gelassen, als ihr wieder einmal Gerüchte über Jack Kennedys Affären zugetragen wurden; aber die

Ehe müßte ihr neben Geld – «*wirklichem* Geld», wie sie zu sagen pflegte – und Luxus vor allem Aufregung und Freiraum bieten, Gestaltungsspielräume, eine Bühne für den glänzenden Auftritt der Zirkuskönigin. So war es kein Widerspruch, wenn sie «keine Hausfrau» sein wollte, ihren Lebenszweck aber verschiedentlich mit den Worten beschrieb: «Für Männer attraktiv sein.» Und das war sie. Die weitaufgerissenen Augen, mit denen sie einen Gesprächspartner fixierte, die leicht geöffneten, aufgeworfenen Lippen, die jungmädchenhaften Ausrufe der Bewunderung – *gosh! golly!* – und die kleine, hauchige Stimme erzielten regelmäßig den erwünschten Effekt.

Die Männer, für die sich solcher Einsatz lohnte, mußten aber erst gefunden werden. 1949 fuhr Jacqueline nach Paris und schrieb sich für ein Jahr an der Sorbonne ein. Paris war Ende der vierziger, Anfang der fünfziger Jahre die politisch und intellektuell anregendste Stadt, das kulturelle Kraftwerk Europas: Camus, Sartre, Beauvoir, Malraux und viele andere schrieben, diskutierten, bekriegten sich und begründeten eine neue «existentialistische» Literatur und Philosophie. «Alles schreibt und publiziert, überhaupt großes Leben», stellte Hannah Arendt bei einem Besuch fest. Von diesem Leben sah Jacqueline aber so gut wie nichts. Statt dessen trieb sie sich hauptsächlich mit Amerikanern herum, die vom günstigen Dollarkurs profitierten und *à la recherche du temps perdu* die teuersten Cafés und exklusivsten Nachtclubs der Stadt bevölkerten, wo sie aber nicht dem verklärten Paris des *Fin de siècle* begegneten, und schon gar nicht dem existentialistischen Paris der Gegenwart, sondern nur ihresgleichen.

Zur *éducation sentimentale* in Paris gehört die Liebe; und in einen der sentimentalen Amerikaner in Paris, John Phillips Marquard, Jr., war Jacqueline eine Zeitlang verliebt. Ob sie wirklich, wie das Klatschmaul Gore Vidal behauptet, vom Möchtegernromancier Marquard im steckengebliebenen

Fahrstuhl seiner Pension entjungfert worden ist: Wer kann – wer will – das wissen? Marquard selbst leugnet die Geschichte, was vielleicht nicht wundernimmt angesichts der ebenfalls gerüchteweise überlieferten Reaktion Jacquelines: «Ach! Mehr ist nicht dran?»

Die Bemerkung – ob sie nun in einem Pariser Fahrstuhl oder in einem New Yorker Hotel gefallen ist – klingt sehr nach Jacqueline. Dank ihrer katholischen Erziehung, dem Vorbild ihrer kühlen Mutter und ihres merkwürdigen Stiefvaters, von Black Jacks Erziehung ganz zu schweigen, war Jacqueline zugleich kokett und kalt, aufreizend und verklemmt, zynisch und prüde, romantisch und asexuell. Sex – das Versprechen, das Gewähren, das Vorenthalten von Sex – war für sie ein Mittel, um Einfluß auf Männer zu erlangen. Ansonsten hat sie von der Sexualität von vornherein nicht viel erwartet – und wahrscheinlich wenig gehabt. Angeblich hat sie erst nach ihrer Heirat mit Aristoteles Onassis 1969 einen Frauenarzt aufgesucht, um sich die Details der weiblichen Anatomie und die Möglichkeiten sexueller Befriedigung erläutern zu lassen. Darin war sie allerdings, wie in ihrer Einstellung zu Ehe und Karriere, nur Kind und Gefangene ihrer Klasse und ihrer Zeit.

Als sie 1950 wieder in den Vereinigten Staaten ankam, wußte Jacqueline immer noch nicht, was sie tun wollte. Sie belegte Vorlesungen über französische Literatur an der George-Washington-Universität, nahm dann aber 1951 an einem Essay-Wettbewerb der Modezeitschrift *Vogue* teil, der alljährlich zur Rekrutierung neuer journalistischer Talente von dem Magazin ausgeschrieben wurde. Über 1200 junge Frauen beteiligten sich am Wettbewerb; Gewinnerin wurde die ehemalige Debütantenkönigin. Ein Thema hieß: «Menschen, die ich gern gekannt hätte». Jacqueline wählte die Dichter Charles Baudelaire und Oscar Wilde sowie den Choreographen Serge Diaghilew. Was die Zweiundzwanzigjährige über diese Männer – bezeichnend, daß sie keine Frau wählte – zu sagen hatte, war zwar banal: Baudelaire und Wilde seien beide «Dichter und Idealisten, die mit Aufrichtigkeit die Sünde malen und dennoch an etwas Höheres glauben konnten»; Diaghilew habe «die Fähigkeit besessen, von jedem Menschen das Beste zu nehmen und es in ein Meisterwerk einzubauen, das um so kostbarer ist, als es nur in dem Kopf dessen fortlebt, der es gesehen hat …». Nun ja. Aber schon die Wahl dieser anrüchigen, antibürgerlichen Künstler verriet angesichts der einsetzenden McCarthy-Hysterie einen unabhängigen und unerschrockenen Geist.

Senator Joe McCarthy – ein Freund der Familie Kennedy übrigens – hatte sein Komitee zur Untersuchung «unamerikanischer Aktivitäten» zu einer Art Inquisitionstribunal ausgebaut, das eine Hexenjagd nicht nur gegen Kommunisten, Linke und Progressive, sondern gegen jede Art angeblicher Subversion und Perversion der öffentlichen Moral veranstaltete. In dieser Atmosphäre der Furcht und der Denunziation wurden Konformismus und Selbstzensur im öffentlichen Leben zur zweiten Natur. Jacqueline hat sich allerdings nie von den Erwartungen der öffentlichen Meinung einschüchtern lassen. Bereits in diesem frühen Aufsatz taucht der Gedanke auf, sie selbst könnte vielleicht eines Tages bestimmen, was künstlerisch wertvoll sei und was nicht. «Könnte ich eine Art Allgemeine Künstlerische Leiterin des Zwanzigsten Jahrhunderts sein, die alles von einem im Weltraum schwebenden Stuhl aus überblickt», mit diesem originellen und etwas beunruhigenden Bild schließt ihr Essay, «wären es die Kunsttheorien [Baudelaires, Wildes und Diaghilews], die ich auf meine Epoche anwenden, ihre Gedichte, die ich vertonen, illustrieren und choreographieren lassen würde.»

Die Männer, die ihr helfen könnten, «eine Art künstlerische Leiterin des Jahrhunderts» zu werden, waren aber bestimmt nicht in der New Yorker Redaktion von *Vogue* zu finden. «Geh nach Washington», riet ihr eine Kollegin, «wo die Jungs sind.» Hughdie Auchincloss war mit dem einflußreichen Journalisten Arthur Krock befreundet, der seine Beziehungen spielen ließ und Jacqueline einen Job als Gesellschaftsreporterin bei der Washingtoner Zeitung *Times-Herald* besorgte. Zehn Jahre zuvor hatten Jack Kennedys Schwester Kathleen und seine Geliebte Inga Arvad diesen Posten gehabt – ebenfalls auf Empfehlung Krocks, der dem großzügigen Joe Kennedy gelegentlich einen Gefallen tat. Seit einiger Zeit lag ihm der Patriarch des Clans in den Ohren wegen einer geeigneten Braut für seinen Sohn Jack. In Jacqueline Bouvier erkannte Krock die ideale Frau für den Hoffnungsträger der Dynastie: wie Jack Kennedy war sie katholisch, aristokratisch, intelligent, redegewandt, gutaussehend, ehrgeizig und zugleich romantisch und abgebrüht. Krock rief den jungen Journalisten Charlie Bartlett an, den er früher protegiert hatte und der seinerseits mit Jack Kennedy befreundet war, und bat ihn, die beiden bei einem Essen miteinander bekannt zu machen. Zufällig war Bartlett auch mit Jacqueline gut befreundet – Washington war damals eine kleine Welt – und hatte bereits 1949 vergeblich versucht, den jungen Kongreßabgeordneten mit der Debütantenkönigin zusammenzubringen. Das Essen fand im Mai 1951 statt.

Später dankte Jacqueline den Bartletts für ihre «schamlose Kuppelei ..., die normalerweise nicht funktioniert, diesmal aber doch ...». Kuppelei war auch nötig, um John Kennedy und Jacqueline Bouvier zusammenzubringen, denn von Liebe auf den ersten Blick konnte nicht die Rede sein. Obwohl sie sich gut verstanden, folgte auf die erste Begegnung zunächst gar nichts. Im Sommer fuhr Jacqueline mit ihrer Schwester wieder nach Europa, während Kennedy zu einer Informationsreise nach Indochina und dem fernen Osten aufbrach. Wenige Monate nach ihrer Rückkehr wurde Jacquelines Verlobung bekanntgegeben. Ihr Verlobter hieß aber nicht John Kennedy, sondern John Husted. Er war von sehr guter Familie und offensichtlich sehr in Jacqueline verliebt, entsprach aber ansonsten genau dem Typus, den

Jacqueline Bouvier als *Inquiring Camera Girl* der Zeitung *Washington Times-Herald* zum Zeitpunkt ihrer Begegnung mit John F. Kennedy. Als Fotoreporterin stellte sie für eine regelmäßige Kolumne prominenten und weniger prominenten Menschen Fragen wie: «Haben die Reichen mehr vom Leben als die Armen?» «Welche *First Lady* wären Sie am liebsten gewesen?»

Jacqueline ablehnte. Husted war Börsenmakler und Sohn eines Bankiers; ernsthaft, zuverlässig, phantasielos; mit einem Jahreseinkommen von umgerechnet etwa einer Viertelmillion Mark in heutiger Währung hatte er zudem kein *wirkliches* Geld. «Jackie hatte großen Ehrgeiz», erklärte Husted später. «In gesellschaftlicher Hinsicht war ich völlig in Ordnung, aber finanziell war ich kein toller Fang.» Ihren Verwandten und Freunden war die Verlobung ein Rätsel, und die Bartletts waren entschlossen, etwas gegen die unglückliche Verbindung zu unternehmen. Als Husted einmal wegen dringender Geschäfte an der Wall Street Jacqueline nicht zu einem Essen bei den Bartletts begleiten konnte, luden sie kurz entschlossen Jack Kennedy ein. Beim zweiten Versuch klappte die «unverschämte Kuppelei». «Ich beugte mich über den Spargel», sagte Kennedy später, «und bat sie um eine Verabredung.»

Jacqueline beschrieb Kennedys Werbung als «spasmodisch». Sie trafen sich ab und an bei Freunden, wo sie Monopoly oder Bridge spielten, gingen ins Kino und «schmusten wie die Teenager im Auto», wie Kennedy einem Freund erzählte. Es gab selten Anrufe, keine Karten, keine Blumen, kein Händchenhalten und schon gar keine Liebesbriefe. Zwei Jahre nach ihrer ersten Begegnung und ein Jahr nachdem Jacqueline wegen ihrer Beziehung zu Kennedy die Verlobung mit Husted wieder gelöst hatte, war der Status dieser Beziehung immer noch nicht klar. Inzwischen hatte Kennedy in einer mit beispiellosem Geld- und Propagandaeinsatz betriebenen Kampagne den Senatssitz des Staates Massachusetts gewonnen, und der Traum von der Präsidentschaft begann klare Konturen anzunehmen. Jacqueline wußte genausogut wie die Kennedys, daß die Verwirklichung dieses Traums dic Heirat des Kandidaten erforderte. Aber Kennedy schien sich nicht zur Ehe durchringen zu können, und sie war nicht bereit, eine seiner vielen Mätressen zu sein. In dieser Situation benutzte Jacqueline eine Taktik, die sie in Zukunft wiederholt anwenden würde, um Kennedy zu einem klaren Bekenntnis zu zwingen – sie entzog sich ihm. Ende Mai 1953 ließ sie sich von der *Times-Herald* nach London schicken, um über die Krönung der jungen Königin Elisabeth II. zu berichten. Ihre launischen Reportagen und Skizzen erschienen auf der ersten Seite, wo der Senator sie kaum übersehen konnte. Schon nach einer Woche kam sein Telegramm: ARTIKEL VORZUEGLICH, ABER DU WIRST VERMISST. Das war so etwas wie eine Liebeserklärung. Jacqueline rief ihn an, und im Verlauf des transatlantischen Telefongesprächs wurde die Heirat vereinbart.

Daß Jacquelines diffuse, ihr selbst halb verborgene Ambitionen nun ein klares Ziel erhielten, hatte auch damit zu tun, daß sie in dem noch vom Krieg gezeichneten England das Schauspiel der Krönung einer jungen Frau erlebte, die nur drei Jahre älter war als sie selbst. Die Begeisterung war gewaltig, irrational, ansteckend. Vergessen waren Krieg und Krise, Niedergang des Empire, Armut und Angst vor der Atombombe, und die Menschen sprachen von einem heraufdämmernden «neuen elisabethanischen Zeitalter» der Poesie und des Fortschritts. Keiner ihrer oft schäbig gekleideten Untertanen warf der jungen Königin den Prunk ihrer Krönung inmitten des allgemeinen Elends vor – vielmehr schienen der Glanz der Zeremonie, der Krone und der anderen Insignien, der goldenen Staatskarosse, der Edelsteine und Perlen, die Elisabeth trug, auf die Massen abzufärben, die dicht gedrängt in Londons Straßen standen. Die Faszination der Monarchie, das konnte Jacqueline hier unmittelbar erfahren, besteht nicht zuletzt darin, das Volk an dem Schauspiel eines ganz anderen, eines in jeder Hinsicht gehobenen und reicheren, eines ästhetisierten und ritualisierten Lebens teilhaben zu lassen, damit ihr eigenes Leben für Augenblicke größer und bedeutender, gültiger und auch ein wenig glanzvoll erscheint.

Narziß

We are the hollow men.

T. S. Eliot

Für die Ehe «bin ich gleichzeitig zu alt und zu jung», klagte Kennedy in einem Brief an seinen Freund und Kriegskameraden Red Fay. Mit 36 Jahren hatte er die Lebensmitte überschritten, die «Schattengrenze», wie sie Joseph Conrad nennt; er war weder willens noch fähig, sein Leben umzukrempeln und in einer Ehe neu zu beginnen.

Andererseits war Kennedy in emotionaler Hinsicht tatsächlich «zu jung»; er hatte etwas Unfertiges, Unreifes an sich. Der Mann, der Präsident werden wollte, hatte noch nie Geld verdienen und seine eigenen Finanzen regeln müssen, nie allein Entscheidungen über seinen Lebensplan getroffen; hatte noch nie allein gelebt, nie einen Haushalt führen, geschweige denn einkaufen, kochen oder waschen müssen; und trotz seiner bemerkenswerten Karriere als Don Juan verstand Kennedy sehr wenig von Frauen.

Mit 13 Jahren war er ins Internat, dann auf die Männern vorbehaltene Universität Harvard und bald darauf zur Kriegsmarine gegangen. Als Kommandant eines Torpedoboots im Südpazifik war er Teil einer relativ kleinen Gruppe von Männern, die unter primitivsten Bedingungen miteinander lebten und täglich dem Tod ins Auge sahen. Das zentrale Erlebnis seines Kriegseinsatzes, die Versenkung seines Bootes durch ein japanisches Kriegsschiff und der verzweifelte Kampf einer schon aufgegebenen Besatzung ums Überleben, schloß ihn noch enger mit den Kriegskameraden zusammen. Bei Kriegsende war John Kennedy 28 Jahre alt, und seine ganze – durch den Weltkrieg künstlich verlängerte – Jugend war geprägt worden von der Erfahrung der Männerfreundschaft. Auch im Wahlkampf – und seine Karriere zwischen 1945 und 1960 war ein einziger, fortgesetzter Wahlkampf – sammelte Kennedy eine verschworene Männergruppe um sich: alte Berufspolitiker, Schul- und Kriegskameraden, Journalisten, Intellektuelle, die Brüder Bobby und Ted. In Kennedys Kabinett gab es keine Frau, und auch als Präsident neigte er dazu, immer neue «inoffizielle» Männergruppen zu bilden, um Probleme zu beraten oder Krisen zu bewältigen – am berühmtesten wurde die sogenannte «ExCom», die in den 13 Tagen der Kubakrise im Oktober 1962 am Kabinett und am Kongreß vorbei über atomaren Krieg und Frieden und das Schicksal der Erde entschied. Nie fand Kennedy die Kraft, sich aus der schützenden Wärme der Familie und dieser Männerbünde zu befreien und auf eigenen Beinen zu stehen.

Auch in seiner Freizeit umgab er sich gern mit Männern. Wie ein jugendlicher Bandenführer – wie Marlon Brando in *Der Wilde* oder wie die durch frühen Ruhm entwicklungsgestörten Stars Frank Sinatra mit seiner versoffenen *Rat Pack* und Elvis Presley mit der drogengesättigten *Memphis Mafia* – trieb sich Kennedy am liebsten mit einer wechselnd besetzten Truppe gleichaltriger Männerfreunde herum, einer aus Footballspielern und Schriftstellern, Entertainern und Berufspolitikern, Hofschranzen und Journalisten rekrutierten Clique, deren Idol er war.

Männer liebten ihn. Das Wort ist bewußt gewählt. Sein Aussehen, körperlicher Mut, Einsatz beim Sport und Erfolg bei Frauen, seine Lebenslust und Wissensgier, Bescheidenheit und Selbstironie, seine Fähigkeit, zuzuhören und politische Gegensätze ohne persönliche Animosität auszutragen, seine geistreichen Bemerkungen und treffenden Formulierungen, sein sarkastischer Witz – all das wurde von anderen Männern wahrgenommen und bewundert; aber darüber hinaus verfügte Kennedy über eine eigentümliche Fähigkeit,

Männer in seinen Bann zu ziehen, ja zu verzaubern, so daß sie nach Jahren und Jahrzehnten bei der Erinnerung an sein «wunderbares Lächeln, den Tonfall seiner Stimme, seinen Humor …» oder einfach «sein Charisma» ins Schwärmen gerieten. «Ach, er war so amüsant! Er war so spaßig! Er war so geistreich! Er war – einfach so viele Dinge! Ich verfiel sofort dem Zauber seines Charmes», sagt ein Freund, der den Studenten kurz vor dem Krieg kennengelernt hatte.

Wer einmal in diesen Bann geriet, blieb ein Leben lang fasziniert. Kennedys andere Seite – sein maßloser Ehrgeiz, Konkurrenzneid, seine Rachsucht und Eitelkeit, seine zur zweiten Natur gewordene Fähigkeit, sich zu verstellen, sein Zynismus, Opportunismus, vor allem aber seine innere Kälte und Gleichgültigkeit gegenüber anderen Menschen – konnten die Verzauberten nicht sehen oder verschlossen davor die Augen, wie es Verliebte eben tun. Diese Fähigkeit, Männer in blinder Loyalität an seine Person zu binden, ist – mehr noch als seine überwältigende Ausstrahlung auf Frauen – der Schlüssel zu seinem Aufstieg gewesen.

Im strengen Internat Choate fiel Jack weder durch besondere akademische noch sportliche Erfolge auf, er ging in die Schulgeschichte vor allem als Gründer des anarchistischen «Muckers Club» ein. Aber selbst die Zielscheibe der «Muckers»-Streiche, der Rektor George St. John, hielt Jack für «einen der besten Menschen der Welt», und die aus der WASP-Aristokratie stammenden Schüler seiner Abschlußklasse wählten den irischen Rebellen zum «Mann, der wahrscheinlich den größten Erfolg im Leben haben wird». In Harvard wurde er trotz seiner ethnischen Herkunft und insgesamt mediokren Leistungen in einen der vornehmsten Studentenclubs aufgenommen, weil zwei angesehene und umworbene Studenten sich weigerten, ohne ihn dem Club beizutreten. Und obwohl er als Skipper des Torpedoboots *PT 109* für seinen Leichtsinn berüchtigt war und wahrscheinlich durch Unachtsamkeit zur Versenkung seines Boots

Die Offiziere des Torpedoboots «PT 109». Rechts neben dem schmächtigen Kommandanten Jack Kennedy sein lebenslanger Freund Paul («Red») Fay, der bei jeder Geburtstagsfeier «Hooray for Hollywood» singen mußte und unter Kennedy den Posten des Vizemarineministers einnahm.

durch einen japanischen Zerstörer beigetragen hatte, meldete sich ein Großteil der Überlebenden freiwillig, um auch auf einem neuen Boot unter Kennedy zu dienen. Ob hartgesottene Bostoner Lokalpolitiker, die in dem jungen Playboy zunächst nur die Marionette seines reichen Vaters sahen, oder skeptische Intellektuelle, die ihn jahrelang als Reaktionär und Verräter der Ideale Franklin Roosevelts bekämpft hatten – sie alle verfielen früher oder später «jener besonderen Anmut» (Journalist Ben Bradlee), «dem Charme und der Grazie» (Historiker Arthur Schlesinger), «der Anmut, dem Witz, der Eleganz, dem jugendlichen Aussehen» (Redenschreiber Theodore Sorensen) dieses ungewöhnlich anziehenden Menschen John Kennedy. Und so unterdrückten sie ihre Zweifel, vergaßen ihre Skrupel und kabbelten sich um die Ehre, Claqueure in seiner Entourage zu werden.

Es gab allerdings Männer, die für diesen Zauber unempfindlich waren. Kennedy sei «schwach und bleich, ein spindeldürrer Mann mit einem schlechten Rücken, ein schwacher und unentschiedener Politiker, ein netter Mann, ein sanfter Mann, aber kein Mann für Männer», urteilte Lyndon Johnson 1960. Bis zum Ende seines Lebens konnte sich der Texaner die Wirkung Kennedys nicht erklären: «Es war die verrückteste Geschichte, verdammt noch mal», räsonierte der ehemalige Präsident, der sich auf die Einsamkeit seiner Ranch zurückgezogen hatte. «Da war dieser junge Spund, malariakrank und gelblich – krank, krank. Im Senat hat er kein Wort von Bedeutung gesprochen und nichts getan. Aber irgendwie ... gelang es ihm, sich als leuchtenden Intellektuellen darzustellen, als jugendlichen Führer, der das Gesicht des Landes verändern könnte. Also, ich gebe zu, daß er Humor hatte und im Fernsehen verdammt gut aussah ... aber seine wachsende Macht über das amerikanische Volk blieb mir ein Rätsel.»

Männer wie Johnson blieben die Ausnahme. Vielleicht war es gerade die Zweideutigkeit Kennedys, die Männer anzog – die Schwäche hinter der Bravour; «die Aura von Schüchternheit, die ihn umgab und an sich schon attraktiv war», wie es ein Kriegskamerad formulierte. Kennedys Freund und späterer Kunstberater im Weißen Haus, William Walton, sprach sogar von «Jacks Neigung, mit Männern zu flirten», die aber «nur Ausdruck seines Sexualtriebs und seiner Eitelkeit» war. Kennedy brauchte den Männerbund als emotionale Stütze neben dem Vaterhaus und als Gegengewicht dazu – dieses Bedürfnis erkannten andere Männer und reagierten darauf. Ein letztes, makabres Beispiel der fürsorglichen Loyalität, die Kennedy unter seinen Getreuen weckte, bildet die Weigerung seiner Entourage, die Leiche des er-

John F. Kennedy, zusammen mit Lyndon B. Johnson, den Kennedy 1960 in Los Angeles als Vizepräsidentschaftskandidaten nominierte. Johnson, ein Bewunderer und Schüler Franklin D. Roosevelts, verachtete die Kennedys. Das Gefühl wurde erwidert. Die Nominierung des Texaners war Ergebnis der Überlegung, daß ein Südstaatler notwendig sei, um die Kandidatur des Nordstaatlers Kennedy «auszubalancieren».

Jean, Pat und Eunice Kennedy mit Roberts Frau Ethel. Jacqueline bezeichnete diese sportlichen und hyperaktiven Kennedy-Frauen verächtlich als Cheerleader («Rah-Rah-Girls»). Ihre eigenen Auftritte versuchte sie so zu gestalten, daß ihre Vorzüge – ihre Schönheit und Intelligenz, ihr Charme und guter Geschmack – zur Geltung kamen.

schossenen Präsidenten, wie es das Gesetz vorschrieb, zur Autopsie in Dallas zurückzulassen. Unter Androhung von Gewalt wurde der Sarg zum Präsidentenflugzeug gebracht und Kennedy «nach Hause» geflogen, eine hilflose Geste der Liebe, die noch Jahrzehnte danach Verschwörungstheoretikern Stoff für ihre Spekulationen liefert.

Frauen hatten grundsätzlich außerhalb des inneren Kreises zu bleiben. So kannte es Kennedy von seiner Familie her, wo der Patriarch mit seinen Söhnen die Entscheidungen traf und die Schwestern und Ehefrauen als Cheerleader funktionierten – «Rah Rah Girls», wie Jacqueline ihre Schwägerinnen verächtlich nannte. Die Ehe empfand Kennedy dennoch als Bedrohung: «Nach meiner begrenzten Erfahrung kann eine Ehefrau schneller als die meisten anderen Menschen alles kaputtmachen», schrieb der besorgte Dreiundzwanzigjährige einem Freund, der sich verlobt hatte.

Ein frühes Rollenmodell fand Kennedy im Renaissance-Fürsten und späteren französischen König Franz I. (1494 bis 1547), den der Harvard-Student mit Worten beschrieb, die auch auf den späteren Präsidenten der USA gemünzt sein könnten: «Frauen gehörten zu den beherrschenden Interessen in seinem Leben, und er hatte viele Affären ... Seine Ehen [hingegen] ging er aus politischen Gründen ein und widmete ihnen wenig Zeit. Seine erste Frau ... hielt er mit dem Gebären seiner Kinder beschäftigt, von denen die meisten starben, während er seine ‹amours guerreuses› ... verfolgte. Er wußte jedoch um den rechten Platz der Frau, und außer seiner Mutter und seiner Schwester errang keine von ihnen großen Einfluß ...»

In seinen Memoiren spricht Gore Vidal davon, «wie verhaßt Jack Kennedy bei den Legionen von Mädchen seiner Generation war, die er ins Bett gekriegt hatte, weil sie sich entweder zu ihm oder zu seinem Ruhm hingezogen fühlten, und die er dann fallenließ». Seit er mit 17 Jahren seine Unschuld standesgemäß in einem Harlemer Bordell verloren hatte, befolgte Joe Kennedys Sohn mit Fleiß die Weisung seines Vaters, «so viele Frauen wie möglich flachzulegen» – eine Maxime, die der Vater seinen Söhnen vorlebte. Wie die meisten Männer fanden auch die meisten Frauen Jack Kennedy unwiderstehlich, und in den aufgezeichneten Erinnerungen jedenfalls ist von dem Haß, den Vidal erwähnt, nichts zu spüren. «Die Frauen haben ihn verwöhnt, glaube ich», sagte die berühmte englische Tennisspielerin Kay Stammers, die Kennedy kurz nach dem Krieg in England kennenlernte. «Er brauchte nur mit den Fingern zu schnipsen, schon kamen sie gerannt. Und er war natürlich furchtbar attraktiv und reich und unverheiratet – ein toller Fang …» Filmstar Gene Tierney beschreibt ihre Reaktion auf Kennedy, den sie 1946 in Hollywood traf, als «direkt aus einem Frauenroman. Mein Herz blieb stehen. Buchstäblich.» Bereits als Student habe Jack Kennedy «unglaublich gut ausgesehen», befand ein Mädchen. «Er hatte so eine animalische Anziehungskraft. Ich war überwältigt.» Kennedys animalische Attraktivität wird immer wieder in den Erinnerungen der Frauen hervorgehoben, die mit ihm liiert waren, wie zum Beispiel bei der Journalistin Nancy Dickerson – «er war so verflixt attraktiv, körperlich, animalistisch [sic]» – und bei Inga Arvad, einer dänischen Journalistin, mit der Kennedy 1941 eine der folgenreichsten Affären seines Lebens begann. Sie hat ein schönes Porträt des jungen Kennedy hinterlassen: «[Jack] hatte einen Charme, mit dem er die Vögel vom Baum zaubern konnte … der dichte Haarschopf, die blauen Augen, natürlich, einnehmend, ehrgeizig, warm; wenn er einen Raum betrat, nahm man ihn wahr, nicht weil er sich in den Vordergrund drängte oder auftrumpfte, sondern weil er eine animalische Anziehungskraft ausstrahlte.»

Die von Adolf Hitler persönlich als «vollkommenes Beispiel nordischer Schönheit» gelobte Inga muß selbst über eine beträchtliche Anziehungskraft verfügt haben. Vier Jahre älter als der vierundzwanzigjährige Marineoffizier, sexuell erfahren, politisch interessiert, einfühlsam, kokett und klug, war Inga eine der wenigen Frauen, vielleicht die einzige vor Jacqueline, die Kennedy mehr bedeutet hat als ein zeitweiliges Sexualobjekt. Inga wurde vom FBI wegen ihrer freundschaftlichen Beziehungen zu Hermann Göring, Rudolf Heß und zum schwedischen Bankier, Waffenhändler und Nazi-Sympathisanten Axel Wenner-Gren überwacht und abgehört. Auf diese Weise konnte FBI-Chef Edgar Hoover seiner umfangreichen Materialsammlung über das geheime Liebesleben der politischen Klasse Amerikas eine weitere Akte über den ausgerechnet bei der Spionageabwehr beschäftigten Sohn des ehemaligen Botschafters und Appeasement-Politikers Joseph Kennedy hinzufügen. Der gefürchtete Nazi-, Kommunisten- und Schwulenjäger Hoover – der seinerseits bis zu seinem Tod in einem eheähnlichen Verhältnis mit seinem Stellvertreter und Freund Clyde Tolson lebte – ließ die Akte stets auf den neuesten Stand bringen. Zwanzig Jahre nach der Affäre mit Inga bestand Kennedys erste offizielle Handlung nach seiner Wahl in der Ankündigung, Hoover werde FBI-Chef bleiben.

Aus Ingas Briefen geht hervor, daß der Vierundzwanzigjährige bereits ernsthaft über sein Ziel sprach, Präsident zu werden. Um so erstaunlicher ist es, daß Kennedy lange an der Beziehung festhielt – obwohl die Affäre mit einer verheirateten und politisch verdächtigen Frau das Risiko des politischen Selbstmords in sich barg – und auch dann nicht auf Inga verzichten wollte oder konnte, als er wegen der gefährlichen Liebschaft disziplinarisch versetzt und unter FBI-Beobachtung gestellt worden war. Antiautoritärer Trotz mag dabei eine Rolle gespielt haben. Darüber hinaus aber scheint es, daß Kennedy mit Inga Arvad zum ersten und vielleicht einzigen Mal in seinem Leben eine Beziehung erlebte, bei der Sinn und Sinnlichkeit, Sexualität und Intellekt nicht auseinanderklafften. «Wenn ich eine Frau herumgekriegt habe, verliere ich meistens das Interesse», hatte der Neunzehnjährige bekannt. «Ich mag die Eroberung. Darin besteht für mich die Herausforderung. Der Kampf zwischen Mann und Frau … Die Jagd interessiert mich – nicht das Erlegen der Beute.» Black Jack Bouvier hätte es nicht anders gesagt. Was der Student einem Freund anvertraute, blieb – trotz der Episode mit Inga – für das Verhalten des erwachsenen Mannes bestimmend, ergänzt um die spätere Bemerkung des Präsidenten gegenüber einem Freund, die vom Hundebetreuer des Weißen Hauses aufgeschnappt und in seinen Erinnerungen wiedergegeben wurde: «Mit einer Frau bin ich erst dann fertig, wenn ich sie auf drei verschiedene Arten gehabt habe.»

So unreif und pubertär diese Einstellung ist, so unreif und pubertär – auf schnelle Penetration und Ejakulation gerichtet – blieb Kennedys Verhalten als Liebhaber; auch darin sind sich die zahlreichen Erinnerungen einig. Inga Arvads Sohn erzählte: «Wenn er Sex haben wollte, mußte es Sex geben – sofort. Auch wenn man zum Beispiel in einer Viertelstunde bei einer Party sein mußte und sie sagte, sie hätte jetzt keine Lust. Er schaute auf die Uhr und sagte, wir haben zehn Minuten, los.» – «Bobby war ein Grabscher», erinnert sich Jeanne Martin, Frau des Sängers Dean Martin, «aber nicht so schlimm wie Jack. Jack reagierte instinktiv, wissen Sie, ging gleich zur Sache: ‹Komm nach oben, komm ins Badezimmer, was auch immer.›» – «Er war zwanghaft ...», berichtete eine andere Frau. «Hier an die Wand, Signora, wenn Sie fünf Minuten Zeit haben, so ungefähr.» George Smathers, der als junger Kongreßabgeordneter Kennedys Freund wurde und ihn als Senator bei vielen sexuellen Abenteuern begleitete, erzählte, wie Kennedy die Frau des Schauspielers David Niven bei einem Segeltörn verführte (wenn das der richtige Ausdruck ist): «Es war, wie wenn ein Hahn schwuppdiwupp ein Huhn besteigt, und dann plustert sich das arme Hühnchen auf und fragt sich, was gewesen ist. Jack war schon ein Kerl ...» Die Beispiele ließen sich vermehren, aber das letzte – gelassene – Wort soll die Schauspielerin Angie Dickinson haben, die Kennedy angeblich während der Feierlichkeiten zu seiner Inauguration verführte. Als man sie fragte, wie es sei, mit dem Präsidenten der USA Sex zu haben, erwiderte sie trocken: «Es waren die aufregendsten sieben Minuten meines Lebens.»

«Der wahrhaft außergewöhnliche Mann ist in Wirklichkeit der gewöhnliche Mann» – mit dieser Bemerkung beginnt Sorensen seine liebevolle Biographie Kennedys. Und Kennedys Einstellung zur Sexualität, so außergewöhnlich erfolgreich seine Karriere als Casanova auch war, entspricht denn auch weitgehend der Charakterisierung des gewöhnlichen Amerikaners, die der britische Soziologe Geoffrey Gorer 1948 im Rahmen seiner berühmten «völkerpsychologischen Studie» über die Amerikaner lieferte. Gorer entdeckte in Amerika ein «Mutter-Land», dessen öffentliches Leben patriarchalisch, dessen Innenleben aber matriarchalisch organisiert sei. In Abwesenheit der Väter bilde die Mutter das einzige Rollenmodell für die Kinder beiderlei Geschlechts, mit der Folge einer tiefen Verunsicherung der Jungen hinsichtlich ihrer männlichen Identität und Sexualität. Die panische Angst, homosexuell zu sein, werde durch ein übertrieben «männliches» Verhalten überkompensiert. Gorers nationales Psychogramm liest sich wie eine Beschreibung der Familie Kennedy, in der die Abwesenheit des amoralischen Vaters und das strenge Regime der um ihre Emanzipationsträume gebrachten und sich dafür in verbitterte religiöse Inbrunst und Bigotterie zurückziehenden Mutter die bestimmenden Faktoren waren und in der für Weichheit und Ambivalenzen kein Platz war. «Jack hatte viel mehr Feminines an sich, als er je zugegeben hätte», meint sein Jugendfreund Henry James. «Er war kein echter Macho. Er *tat* so. Er arbeitete hart daran. Aber schon sein Körperbau ..., seine Anfälligkeit für Verletzungen aller Art, sein Rücken, seine Krankheiten, über die er nie reden wollte – er *schämte* sich dafür, sie waren Zeichen der Verweiblichung, der Verweichlichung, die er nicht anerkennen wollte ...» Für James war Kennedy im Grunde ein Narziß, der sich ständig im Spiegel betrachten mußte, dessen Eroberungen im Grunde nur der Selbstbestätigung dienten.

Vidal vergleicht Kennedys Sexualverhalten mit der Promiskuität mancher Homosexueller – mit seinen eigenen «tausend anonymen Begegnungen» – und spricht von der «Schönheit und Erfüllung», die im Sex *en passage* zu finden seien. Ob Jack Kennedy neben einer Gonorrhoe, deren Folgen ihn sein Leben lang plagten, auch Schönheit und Erfüllung bei seinen tausend Begegnungen fand, darf bezweifelt werden. «Er wußte, daß er Frauen nur benutzte, um sich seine Männlichkeit zu beweisen, und das hat ihn manchmal deprimiert», sagte Jacks ältester und treuester Freund Lemoyne («Lem») Billings. «Er hätte wohl gern an Liebe und Treue und das alles geglaubt», so Billings weiter, «aber was er zu Hause gesehen hatte, stimmte ihn nicht sehr hoffnungsvoll. Also hat er sich weiter durchgebumst.» Die tragische Ironie dieser Feststellung liegt darin, daß Lem Billings selbst die «Liebe und Treue und das alles» verkörperte, die Kennedy in seiner auf Wettbewerb, Leistung und Sieg um jeden Preis dressierten Familie vermißte und darum auch nicht in sich finden konnte. Billings – der verläßliche Horatio zu Kennedys exaltiertem Hamlet – hatte im Internat ein Zimmer mit Kennedy geteilt und ihn auch auf seiner Expedition nach Harlem begleitet – widerwillig, denn Lem war homosexuell, und die unerfüllte Liebe zu Jack war die große, die einzige Liebe seines Lebens, das er bis zu seinem Drogentod 1981 ganz in den Dienst des Freundes und seiner Erinnerung gestellt hat.

Kennedy brauchte wohl den gutmütigen und treuen Freund, der nichts von ihm verlangte, ein angebotenes politisches Amt ablehnte und alles liegen- und stehenließ, wann immer Kennedy nach ihm rief – und das war oft. «Ach, Mr. West», sagte Jacqueline an ihrem ersten Wochenende im Weißen Haus, als der Verwaltungschef ihr Lems Ankunft meldete, «der ist seit meiner Hochzeit jedes Wochenende bei uns Hausgast gewesen!» Aber Billings hat für diese Nähe teuer bezahlt. Er wurde als Mädchen für alles, Hofnarr und Zielscheibe der sarkastischen und verletzenden Witze des jungen Prinzen mißbraucht. Sein Fall ist aber typisch. Denn Kennedys Verhältnis zu seinen Freunden war – wie zu Frauen – letztlich das eines Profiteurs. Sie waren ihm vor allem Spiegel, in denen er ein möglichst schönes Bild wiedererkennen wollte. Dienst, Loyalität, Zustimmung forderte er.

Widerspruch und Kritik duldete er nicht. Als sein guter Freund Ben Bradlee in einer Zeitschrift mit der harmlosen Bemerkung zitiert wurde, es sei «fast unmöglich, einen Artikel zu schreiben, der [den Kennedys] gefällt», weil sie «selbst in einem Artikel, der ihrer Seite wohlgesinnt ist, einen Paragraphen finden werden, an dem sie etwas auszusetzen haben», wurde er über drei Monate lang von Präsident Kennedy geschnitten. «Ich wollte wieder Freund sein», klagte Bradlee in seinem Tagebuch. «Ich vermisse ... das Lachen und die Wärme ... Aber die Eiszeit dauert an.»

Kennedy, der wie kaum ein anderer Mann seines Jahrhunderts die Fähigkeit besaß, in Menschen beiderlei Geschlechts Liebe zu wecken, war selbst unfähig, Liebe zu zeigen und Liebe zu geben. Zwar behauptete ein Hüter des Mythos, Kennedys Hofbiograph Arthur Schlesinger, seine oft bemerkte Kühle – *coolness* wurde in den Jahren der Kennedy-Administration zu einem positiv besetzten Begriff – sei nicht darauf zurückzuführen, daß er zuwenig, «sondern zuviel empfand und sich für eine Existenz voller Unordnung und Leid sammeln mußte»; auch Sorensen und der arme Lem Billings betonten Kennedys Wärme; aber vermutlich war dies eine Projektion ihrer eigenen Gefühle für ihn. Als er gegen Ende seines Lebens von einer langjährigen Freundin gefragt wurde, ob er jemals einen Menschen geliebt habe, starrte der Präsident eine Zeitlang aus dem Autofenster. «Nein», antwortete er schließlich.

Diese Unfähigkeit zu emotionaler Bindung hatte auch politische Bedeutung. Wenn Sorensen 1965 behauptete – noch bevor die sexuellen Verwicklungen und emotionalen Probleme Kennedys bekannt wurden –, Persönlichkeit und Politik Kennedys hätten sich «gegenseitig gestützt» und seien «nicht voneinander zu trennen», so muß das auch gelten, wenn die Schattenseiten dieser Persönlichkeit unübersehbar werden. Es ist in diesem Zusammenhang interessant, sich noch einmal die erste Biographie John Kennedys vorzunehmen, die bereits 1959 erschien. Geschrieben wurde sie vom Autor einer großartigen Biographie Franklin Roosevelts, James MacGregor Burns. Sie war eine Auftragsarbeit, und Burns ließ sich zwar von Joe Kennedys Geld und John Kennedys Charme korrumpieren, sein Manuskript von den Kennedys redigieren, schluckte auch manche Familienlegende und setzte sie, mit dem Stempel seiner Autorität versehen, als Wahrheit in die Welt. Andererseits hatte er die Unabhängigkeit und Schärfe seines Urteils nicht ganz eingebüßt und konnte nicht umhin, die Frage, ob Kennedy ein großer Präsident werden könne, sehr zum Ärger der Familie offenzulassen. Kennedy glaube, referierte Burns, daß Amerika in den sechziger Jahren «einen Kampf ums Überleben» führen müsse, der «mehr Mut und Weisheit als je zuvor in unserer Geschichte» erfordern werde. «Mut und Weisheit könnte er in diesen Kampf einbringen», so der Schlußsatz der Biographie; «ob er auch Leidenschaft und Kraft einbringen kann, hängt von einem Engagement nicht nur des Intellekts, sondern auch des Herzens ab. Dieses Engagement ist bisher noch nie von ihm verlangt worden.» Es ist ein sanft vorgetragenes, vernichtendes Urteil über die bedenkliche Leere im Innern dieses so begabten und attraktiven Menschen.

Szenen einer politischen Ehe

In den Köpfen der meisten Männer hat sich etwas verändert, nämlich ihre Vorstellung von der Funktion der Ehe. Sie sind nicht unbedingt schwächer geworden gegenüber ihren Frauen, aber sie haben Frauen geheiratet, die ihnen zu Hause weniger, in der Welt draußen mehr von Nutzen sind. Die Frau, die keine Teller wäscht, ist in der Regel eine Schönheit, die 10 bis 12 Stunden im Bett bleibt und zwei Stunden zum Schminken braucht; sie muß ein Kindermädchen anstellen; aber sie ist der Mittelpunkt jeder Party und nützt seiner Karriere, weil ihn jeder Partygast beneidet, seine Frau begehrt und so weiter. Was er will, ist eine wunderschöne Kurtisane mit guten Umgangsformen. Eine Kurtisane, die mit ihm in die Welt hinausgehen kann.

Norman Mailer, «On the Womanization of America», 1963

Etwa zwei Jahre nach seiner Hochzeit lag Senator John F. Kennedy am Schwimmbad des Familienanwesens in Palm Beach und las eins seiner Lieblingsbücher: David Cecils elegante und elegische Biographie des letzten britischen Premierministers aus der Whig-Aristokratie, Lord Melbourne. Seit frühester Kindheit war der kränkliche, oft ans Bett gefesselte Kennedy ein begeisterter Leser; und obwohl er kein Intellektueller war, prägten Bücher – vor allem die Lebensgeschichten außergewöhnlicher Männer – eine romantische Weltsicht, die in einem eigenartigen Kontrast zur zynischen Vernunft stand, mit der er das Geschäft der Politik betrieb.

Jetzt, im Frühjahr 1955, genas er wieder von einer schweren Krankheit. Während der Lektüre machte er sich Notizen:

1. Europäische Geschichte
2. Interessanter wegen Klasse der Müßiggänger
3. Amerikanische nicht interessant, weil keine solche Klasse
Kampf ums Dasein
Außer an der Frontier nicht glanzvoll (Kennedy benutzt hier das Wort *glamourous*)
Frauen entweder Huren oder Hausfrauen
Spielen keine große Rolle im kulturellen oder intellektuellen Leben des Landes

Verkörperte Frankreich – und vor allem das aristokratische Frankreich vor dem revolutionären Sündenfall von 1789 – für Jacqueline den Inbegriff kultivierter Lebensart, so fühlte sich Kennedy geistig in der Welt der englischen Aristokratie zu Hause. Als Joseph Kennedy Botschafter der USA am Hof Seiner Britannischen Majestät gewesen war, hatte die Familie das Leben zwischen aufgedrehter Londoner *High Society* und Hausgesellschaften in verfallenden Landsitzen schätzen gelernt. Kennedys Lieblingsschwester Kathleen hatte sogar in die Reihen des protestantischen englischen Hochadels eingeheiratet und wäre Herzogin von Devonshire geworden, wäre ihr Mann nicht 1944 bei der Befreiung Frankreichs gefallen.

Was Kennedy allerdings mehr faszinierte als die von dekadenter Blässe angekränkelte Existenz dieser *Klasse der Müßiggänger* zwischen den Weltkriegen, war das Leben der liberalen Aristokratie zu ihrer Blütezeit am Anfang des 19. Jahrhunderts, für die das Vergnügen die Hauptbeschäftigung, die Politik hingegen eine vergnügliche Nebenbeschäftigung war. «Ihre Lebensumstände waren nicht dazu angetan, sie zur Tugend der Selbstbeherrschung zu ermuntern», schreibt Cecil. «Das gute Leben machte sie lebenslustig; der Reichtum bot ihnen Gelegenheiten; und sie warfen sich mit einem animalischen Leichtsinn ins Vergnügen, der den modernen Leser zugleich entsetzt und begeistert.»

In solcher Atmosphäre konnte eine Lady Melbourne gedeihen, Mutter des Premierministers, die Cecil wie folgt schildert: «[Sie] erwartete nicht, daß Männer monogam seien, und stellte nie eine unbequeme Frage. In ihr schienen die gesellschaftlichen Vorzüge beider Geschlechter vereint ..., männliche Robustheit und weiblicher Takt, das Sinnliche einer Frau mit der Urteilskraft eines Mannes.» Mit weiblicher Sympathie hörte sie «die Klagen der Männer über Ehefrauen und politische Führer» an, mit männlicher Intelligenz erteilte sie Ratschläge «über den Umgang mit Mätressen und Gutsverwaltern». Früh heiratete sie einen sehr reichen Mann, bezog eine Residenz in der Hauptstadt und eroberte die Gesellschaft Londons Zug um Zug.

Wenn Kennedy im Vergleich mit einer solchen aristokratischen Dame von Welt die intellektuelle und kulturelle Bedeutungslosigkeit der amerikanischen Frauen beklagt und sie umstandslos als *Hausfrauen oder Huren* abtut, so ist das – fast überflüssig zu sagen – einfach eine Projektion der Zustände und der Doppelmoral, die er von seinem Elternhaus her kannte. Kennedy erwartete, daß seine Ehefrau eine *Hausfrau* sein würde, während er sich sein Vergnügen bei *Huren* holte. (Zu diesem Zweck hielt er sich mit George Smathers eine Hotelsuite in Washington.)

Jacqueline allerdings paßte nicht in dieses Schema. Sie wollte gerade «keine Hausfrau sein», sie wollte ein außergewöhnliches, ein großes Leben haben. Deshalb hatte sie John F. Kennedy geheiratet, in dem sie von Anfang an einen Mann gesehen hatte, der Großes vollbringen würde; deshalb vor allem blieb sie bei ihm. Ihre romantischen Erwartungen – und einige scharfsinnige Beobachtungen über seinen Charakter – kommen in einem Gedicht zum Ausdruck, das sie kurz nach der Hochzeit für ihn schrieb: *In Massachusetts träumte Jack Kennedy / Beim Spaziergang am Meer bei Cape Cod / Von dem, was er einst werden wollte / ... / Beim Denken blieb er mit beiden Füßen auf dem Boden / Aber sein Herz und seine Träume waren nicht erdgebunden / ... / Männer nennen ihn nachdenklich, ehrlich / Und erkennen nicht in ihm den Letzten Kavalier / ... / Reiche würde er bauen / Und Söhne haben / ... / Liebe finden / Aber niemals Frieden ...*

Das Paradoxe an Jacquelines Lage bestand darin, daß sie einen Politiker geheiratet hatte, aber die Politik haßte; daß sie mit ihm den ehrgeizigen Traum des Weißen Hauses teilte, aber den konventionellen Weg dorthin als brave Ehefrau nicht gehen wollte. Hinter jedem großen Mann, heißt es, steht eine große Frau, aber diese Frau wollte sie nicht sein. «Er könnte nicht mit einer Frau verheiratet sein, die das Rampenlicht mit ihm teilen will», sagte sie als junge Ehefrau bei einem Interview. Aber genau das wollte sie. Die Geschichte der Ehe von John und Jacqueline Kennedy bis zum Einzug ins Weiße Haus ist die Geschichte einer halben Emanzipation. Jacqueline mußte sich – unsicher, tastend, halbherzig, ohne die Unterstützung und teilweise gegen den Widerstand ihres Mannes – von den Erwartungen der Familie Kennedy an ein neues Mitglied der Dynastie und von den Erwartungen der amerikanischen Gesellschaft an die Ehefrau eines Politikers befreien und sich eine eigene Persönlichkeit erfinden; paradoxerweise kam sie schließlich dem Frauenideal Jack Kennedys – der aristokratischen Dame von Welt – näher, als ihm lieb war.

Außer an der *Frontier*, dem wilden Westen, sei das Leben Amerikas nicht glanzvoll gewesen, schrieb Kennedy 1955. Als Präsident faßte er fünf Jahre später sein Programm im Slogan der *New Frontier* zusammen – und Jacqueline lieferte den Glanz, den *Glamour*. Erst sehr spät erkannte Kennedy, daß gerade Jacquelines Distanz von der Politik, ihre Andersartigkeit, auch seiner Ambition nützlich sein konnte, sich als einen Politiker darzustellen, der Parteigrenzen transzendierte und den nationalen Willen, die Kraft und die Herrlichkeit Amerikas verkörperte.

Einstweilen aber galt es, den Ruf eines Playboys loszuwerden, als seriöser Politiker und gestandener Familienvater – oder wenigstens Ehemann – zu erscheinen. Und einstweilen war auch Jacqueline noch bereit, den ihr zugedachten Part in dieser Inszenierung zu übernehmen und sich nach außen als Modell der hingebungsvollen, etwas naiven, aber lernfähigen jungen Hausfrau darzustellen. «Je öfter ich zuhöre, wenn Jack über solche komplizierten und riesigen Probleme redet», sagte sie in einem Interview, «desto mehr komme ich mir wie ein richtiges Dummchen vor.» Und sie erzählte, daß sie zur Behebung dieses Defizits Vorlesungen über amerikanische Geschichte und die amerikanische Regierungsform an der Universität besuche. Privat allerdings machte sie sich lustig über die «komplizierten» und «riesigen» Probleme, mit denen sich die von der Politik besessenen Kennedys herumschlugen. Ihnen gegenüber war das Spielen des politischen Dummchens ein Stück Verweigerung, fast eine Unabhängigkeitserklärung, die ihr Raum für ihren zuweilen beißenden Spott verschaffte. Als Joseph und Robert Kennedy einmal über das Problem der Luftverschmutzung diskutierten und sie um ihre Meinung baten, schlug sie mit kokettem Augenaufschlag und gehauchter Stimme vor, die Luftwaffe solle die betroffenen Gebiete doch mit dem Parfum *Chanel Nr. 5* besprühen.

«Ich bin eine altmodische Frau», beteuerte Jacqueline gegenüber einer Frauenzeitschrift. «Für mich ist die Hausarbeit eine Freude.» Da sie aber keine gute Köchin sei, habe sie sich für einen Kochkurs eingeschrieben. Und bald durften die Leserinnen aus der Feder der jungen Frau des Senators erfahren, wie es ihr am Tag nach der Abschlußprüfung ergangen war: «Ich hatte alle diese törichten Geschichten gehört über die Braut, die alles anbrennen läßt, und ich war mir sicher, daß mir das nicht passieren und alles gut laufen würde, aber plötzlich, ich weiß auch nicht, warum, war die Küche voller Rauch.» Als sie die Lammkoteletts aus dem Ofen zog, «rutschte die Pfanne heraus, und das Fett spritzte herum. Ein Kotelett war auf den Boden gefallen, ich packte es trotzdem wieder auf einen Teller. Inzwischen war die Schokoladensoße angebrannt und explodierte. Das roch! Ich konnte den Löffel nicht aus der Schokolade ziehen. Sie war steinhart. Der Kaffee war verdampft. Ich verbrühte mir den Arm ... Da kam Jack und lud mich zum Abendessen ein.»

Die charmante Geschichte – einschließlich der von der Hausfrauenleserschaft sicher seufzend zur Kenntnis genommenen Pointe, daß der verständnisvolle «letzte Kavalier» Jack Kennedy, statt zu schimpfen, seine arme Frau ins Restaurant führt – sagt mehr über Jacquelines beachtliches Talent aus, Situationen zu parodieren, als über ihr häusliches Leben. Denn in ihren Washingtoner Domizilen beschäftigten der junge Millionär und seine Frau mindestens jeweils eine Köchin und eine Haushaltshilfe für Jacqueline sowie Kennedys schwarzen Kammerdiener George Thomas. «Was ich gern hätte, wäre ein gemütliches, kleines Stadthaus, das man selbst in Ordnung halten kann», erzählte Jacqueline einer Bostoner Zeitung. Als das Ehepaar 1957 endlich ein eigenes Haus kaufte, wurde das ständige Haushaltspersonal um eine Kammerdienerin und eine persönliche Sekretärin für Jacqueline, eine Wäscherin, ein englisches Kindermädchen für die Tochter Caroline sowie einen Chauffeur aufgestockt.

Zum Bild der politisch korrekten Ehefrau gehörte es auch, daß Jacqueline am sozialen Leben Washingtons teilnahm, Bridge und Golf spielen lernte, mit den anderen Senatorenehefrauen Aktivitäten des Roten Kreuzes unterstützte und sich auch an der Arbeit ihres Mannes interessiert zeigte, sich auf der Besuchergalerie des Senats und in seinem Büro blicken ließ. Angeblich half sie ihm sogar, sein öffentliches Auftreten zu schulen, gelassener zu wirken, seine Reden durch Gesten sinnvoll zu unterstreichen, nicht so schnell zu

In den ersten Jahren ihrer Ehe bemühte sich Jacqueline darum, das Bild einer beispielhaften politischen Gattin abzugeben. Hier hilft sie dem Senator in seinem Büro. Später ging sie eigene Wege. «Mir hat man 99 Dinge gesagt, die ich im Weißen Haus unbedingt tun müßte, und davon habe ich kein einziges gemacht», erzählte sie triumphierend einer Freundin.

sprechen und seine hohe, nasale Neu-England-Stimme, die – wie sie fand – «manchmal wie Bugs Bunny» klang, so zu modulieren, daß sie tiefer, älter, erfahrener klang. Und schließlich war sie bereit, obwohl sie im achten Monat schwanger war, zum Parteitag der Demokraten im August 1956 zu erscheinen, bei dem Kennedy um die Nominierung als Vizepräsidentschaftskandidat der Partei kämpfen wollte.

Wenn Jacqueline auch einerseits bereit war, wenigstens nach außen die Rolle der braven Haus- und Ehefrau zu spielen, so gab es andererseits doch von Anfang an, neben ihrem eigenen Ehrgeiz und ihren eigenen Wünschen, Faktoren in der Beziehung zwischen den beiden, die verhinderten, daß sie sich nahtlos in die ihr zugedachte beschränkte Rolle in Kennedys Leben einpaßte.

Schwiegermutter Rose hatte in 17 Jahren 9 Kinder zur Welt gebracht, und Schwägerin Ethel schenkte dem Kennedy-Musterknaben Robert – ebenfalls in 17 Jahren – sogar 11. «Ethel wirft Kinder wie ein Karnickel», kommentierte Jacqueline bissig. Jacquelines fast knabenhaft schlanker Körper schien schon in seiner ganzen physiognomischen Ausstrahlung gegen die Anmaßung zu rebellieren, in rascher Folge Kennedy-Nachfolger zu gebären. Erst zwei Jahre nach der Hochzeit wurde sie schwanger und erlitt zwei Fehlgeburten (im Oktober 1955 und im August 1956), bevor sie schließlich im November 1957 eine gesunde Tochter zur Welt brachte, die auf den Namen Caroline getauft wurde. Auf den Sohn John (1961) folgte Patrick, der wenige Tage nach der Geburt im August 1963 starb. Nach Ansicht mancher Spezialisten könnte die chronische bakterielle Urethritis, an der Kennedy als Folgeerscheinung seiner Gonorrhoe litt, für Jacquelines Probleme verantwortlich sein. Vermutlich aber drückte Joe Kennedy die Meinung der ganzen Familie aus, als er grummelte: «Ein Porzellangefäß kann wohl keine Kinder tragen.»

Fünf Schwangerschaften in zehn Jahren bedeuteten zwar

eine starke physische Anstrengung und psychische Belastung, ganz zu schweigen von dem Schmerz bei jedem verlorenen Kind und dem Gefühl, in den Augen der Familie als Frau versagt zu haben; aber die Tatsache, daß es vier Jahre lang keine Kinder im Haus gab, bot Jacqueline auch die Chance, ihre Funktion in der Ehe anders zu definieren als über ihre Rolle als Hausfrau und Mutter, gab ihr Freiheit und auch Macht. Als Ehefrau ohne Kinder war Jacqueline materiell unabhängig und emotional ungebunden – «das Tolle an der Ehe ist, daß man mit anderen Männern essen gehen kann», soll sie ihrer Stiefschwester Nina Auchincloss bei deren Hochzeit gesagt haben. Ohne Kinder war auch eine Trennung oder Scheidung leichter, eine Option – um ein Lieblingswort der Kennedy-Administration zu verwenden –, die Kennedy nicht besaß, da er eine Scheidung politisch nicht überlebt hätte.

Daß sie nur zwei Kinder hatte, erlaubte ihr dann später, trotz ihrer Repräsentationspflichten als *First Lady* und ihres *Jet-set*-Lebens, den Kindern wenigstens ein Mindestmaß an Zeit und Wärme zu geben und sie damit anders aufwachsen zu lassen als ihr Vater, der seine Kindheit mit dem Leben in einer «Anstalt», ja in einem «Zellentrakt», verglich.

Ein weiterer Umstand, der dazu beitrug, daß Jacqueline keine Hausfrau wurde, war die Tatsache, daß es lange Zeit für sie kein Zuhause, kein eigenes Heim, gab. Nach den Flitterwochen bezogen die Jungvermählten zunächst ein paar Zimmer in dem großen Kennedy-Familienanwesen in Hyannisport, wo sie später, wie Robert und Ethel, ein eigenes Wochenendhaus bauten. Im Herbst 1953 mieteten sie ein Haus in Washington, das jedoch nach Ablauf des Mietvertrags im Sommer 1954 wieder geräumt werden mußte.

Dann folgte das dunkelste Jahr ihrer Ehe, in dem Kennedy, nahezu bewegungsunfähig, ins Krankenhaus eingeliefert wurde und sich zwei Rückenoperationen unterziehen mußte, die ihn an den Rand des Todes brachten. Monatelang

Senator Kennedy verabschiedet sich von Jacqueline und Caroline an der Tür ihres Washingtoner Stadthauses. Jahrelang besaßen John und Jacqueline Kennedy kein richtiges Zuhause und lebten, so Jacqueline, «wie die Zigeuner» in den diversen Anwesen der Familien Kennedy und Auchincloss. Für John Kennedy, der nie ein eigenes Zimmer und ein festes Zuhause gekannt hatte, war dieses Leben nicht ungewöhnlich. Jacqueline litt jedoch unter dem Fehlen eines festen Mittelpunkts, den sie selbst gestalten konnte. Sie wurde zu einer *compulsive redecorator* – mußte mit geradezu zwanghafter Energie jeden Wohnsitz immer wieder neu umbauen und einrichten lassen. «Verdammt noch mal, Jackie, wie kommt es, daß niemals alle Zimmer dieses Hauses gleichzeitig bewohnbar sind?» klagte Kennedy.

war er unter kaum auszuhaltenden Schmerzen einem extremen Wechselbad der Gefühle zwischen Hoffnung auf Genesung und völliger Verbitterung und Verzweiflung ausgesetzt; es war das Jahr, in dem, wie Lem Billings sagte, «wir nahe dran waren, ihn zu verlieren – ich meine nicht an den Tod, ich meine als Person». In dieser Zeit lebte Jacqueline aus Koffern in Hotelsuiten oder als Gast in Merrywood und Hammersmith Farm, Hyannisport oder Palm Beach – ein luxuriöses Leben selbstverständlich, aber ein Leben ohne ruhigen Mittelpunkt und in ständiger Unsicherheit und Angst.

Seit seiner Kindheit hatte Kennedy an Rückenschmerzen gelitten, weil sein linkes Bein ein wenig kürzer war als sein rechtes – ein Zustand, der erst nach Jahrzehnten diagnostiziert und durch orthopädische Schuhe korrigiert wurde. Die Rückenprobleme wurden durch mehrere Sportunfälle noch verstärkt, und seit Mitte 1954 konnte sich Kennedy nur noch mit Krücken vorwärts bewegen. Die einzige Alternative zum Leben im Rollstuhl war eine Doppeloperation, bei der die degenerierten Bandscheiben und die Lendenwirbel mit dem Kreuzbein verschweißt werden sollten. Diese Operation – gefährlich genug schon bei einem kerngesunden Patienten – wurde noch dadurch kompliziert, daß Kennedy seit Jahren – möglicherweise seit seiner Kindheit, als er immer wieder mit rätselhaften schweren Fiebern im Bett lag – an der Addison-Krankheit litt, einer fortschreitenden, unaufhaltsamen Zerstörung der Nebennierenrinde, die unter anderem zur Schwächung und schließlich zum Zusammenbruch des Immunabwehrsystems führt. Die Krankheit konnte dank der neuentdeckten Kortisonbehandlung unter Kontrolle gehalten, nicht aber geheilt werden. Für einen Patienten im fortgeschrittenen Stadium der Addison-Krankheit kann eine relativ belanglose Infektion zur tödlichen Gefahr werden. Unter diesen Bedingungen befürchteten die Ärzte vor allem postoperative Komplikationen – Infekte, die dann auch nach beiden Operationen bei Kennedy eintraten. Zweimal wurde der Priester gerufen, um dem mit dem Tod ringenden Mann die Letzte Ölung zu geben. Zweimal überlebte er wie durch ein Wunder. «Jetzt weiß ich, daß ihm nichts passieren kann», sagte Joe Kennedy.

Die Erfahrung einer schweren Krankheit kann einen Menschen läutern und verwandeln. So war es bei Franklin D. Roosevelt, der als junger Mann von 31 Jahren durch die Kinderlähmung zum Krüppel gemacht wurde, im Kampf gegen seine Krankheit aber jene Statur gewann, die ihn zur überragenden politischen Gestalt des amerikanischen Jahrhunderts machte. Bei John F. Kennedy war es anders. Die Schmerzen ertrug er – wie so oft in seinem Leben – mit einer stoischen Gelassenheit, die man ebenso bewundern muß wie den Mut, sich einer Operation zu unterziehen, bei der ihm die Ärzte eine Überlebenschance von bestenfalls 50 Prozent zu garantieren bereit waren. Aber sein Charakter blieb unverändert. Lem Billings fürchtete, den Jack Kennedy zu verlieren, den er liebte; aber die Krankheit hätte auch eine Chance sein können, über diesen *charming young man* hinauszuwachsen. Die Erfahrung der Todesnähe und die trotz der Operation fortdauernden Schmerzen, die er nie loswurde, bestätigten ihn nur in seinem fatalistischen Glauben, ihm sei es bestimmt, vor seinem 50. Geburtstag zu sterben. Er pflegte eine Schicksalsgläubigkeit, die ihn den festen Vorsatz fassen ließ, «jeden Tag so zu leben, als ob es dein letzter Tag auf Erden wäre», wie er es gegenüber George Smathers formulierte. Für den emotional unreifen Kennedy hieß das, in möglichst kurzer Zeit möglichst viel erleben, vor allem möglichst viele Frauen haben. «Als ich ihn kennenlernte, hatte ich manchmal den Eindruck, er rede nur über den Tod und über Frauen», erinnert sich Smathers.

Nicht Kennedy wurde durch seine schwere Erkrankung verändert, sondern Jacqueline. Nichts hatte sie auf die Situation vorbereitet, in der sie sich mit einem Mal als Frau eines schwerkranken und möglicherweise auf Dauer hilflosen

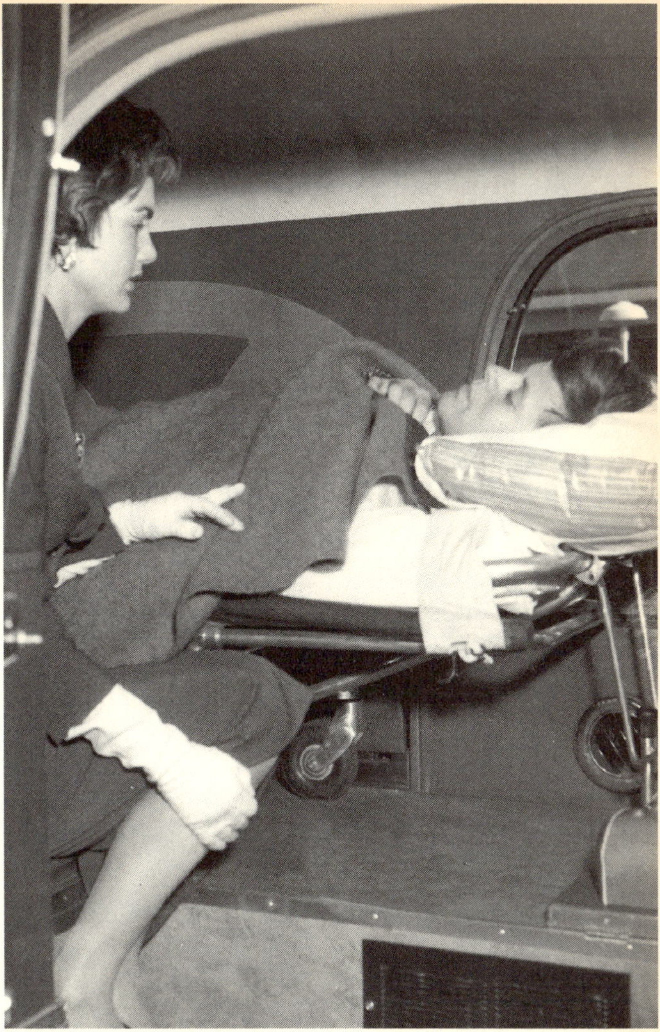

Im Laufe des Jahres 1954 wurden Kennedys angeborene, durch Unfälle und Vernachlässigung verschlimmerte Rückenprobleme so quälend, daß der Siebenunddreißigjährige zwischen einer lebensgefährlichen Operation und einem Leben im Rollstuhl wählen mußte. Zwei Eingriffe wurden notwendig, die Kennedy an den Rand des Todes brachten.

Mannes wiederfand; aber sie entdeckte in sich Kräfte, die sie vielleicht selbst nicht vermutet hätte. Als er noch im Koma lag, hielt sie ihm die Hand und las ihm Gedichte vor; als er wieder bei Bewußtsein war, fütterte sie ihn, half ihm, sich im Bett aufzusetzen, erzählte ihm den neuesten Klatsch aus Washington und New York, schrieb Briefe für ihn, holte die Krankenschwester, wenn er Schmerzmittel brauchte; und als er sich in der Sonne von Palm Beach langsam erholte, blieb sie bei ihm, heiterte ihn auf, besorgte ihm Material für das geplante Buch *Zivilcourage* und wechselte ihm mehrmals am Tag den Verband – eine Arbeit, die Smathers wie folgt beschreibt: «... [Es] war gräßlich. Da war eine Schnittwunde – ein Loch vielmehr, so groß, daß man die Faust hätte hineinstecken können. Alles war vereitert, voller grünlichem Zeug, und es roch furchtbar ...» Smathers kam zu dem Schluß, daß Jacqueline «genauso hart im Nehmen war wie [Jack]».

Auch wenn Kennedy nach seiner Krankheit seinen Lebensstil nicht änderte – die Krise in seinem Leben stärkte Jacquelines Unabhängigkeit. Sie hatte ihn schwach und hilflos gesehen; er hatte sie gebraucht. Während er am Swimmingpool lag, seine Kräfte wiedergewann und seine Notizen zu *Melbourne* kritzelte, hatte Jacqueline bereits eine Sonderstellung in seinem Leben errungen, die seinem abschätzigen Urteil von der amerikanischen Frau als *Hure oder Hausfrau* widersprach. Er war nicht bereit oder in der Lage, ihr zuliebe monogam zu sein, und das verlangte sie auch gar nicht – einmal soll sie die Filmschauspielerin Grace Kelly gebeten haben, sich eine Krankenschwesteruniform anzuziehen und Kennedy nachts in seinem Krankenzimmer zu besuchen, um ihn aufzuheitern. Liebe konnte er ihr sowenig wie irgendeinem anderen Menschen geben, und auch das erwartete sie nicht; aber er wußte, daß er in ihrer Schuld stand und was er ihr schuldete: Respekt. Im Vorwort zu *Zivilcourage* schrieb Kennedy: «Dieses Buch wäre nicht zustande gekommen ohne die Ermutigung, Hilfe und Kritik, die meine Frau

Jacqueline von Anfang an beisteuerte. Ihre Hilfe in den langen Tagen meiner Genesung werde ich nie angemessen würdigen können.»

Der Parteitag der Demokraten 1956 bedeutete einen Wendepunkt in Kennedys politischer Laufbahn. Zwar wurde er nicht als Vizepräsidentschaftskandidat aufgestellt, aber sein Kampf um die Nominierung machte ihn mit einem Schlag zu einem der bekanntesten Politiker der USA und legte den Grundstein für seinen Kampf um die Präsidentschaft vier Jahre später. «Der junge Jack Kennedy braucht Ihnen nicht leid zu tun», versicherte die *Boston Globe* ihren Lesern. «Er ist wahrscheinlich der einzige Sieger dieses Parteitags. Unter den neuen Gesichtern war seins das einzige, das wirklich leuchtet.»

Auch für Jacqueline bedeutete der Parteitag einen Wendepunkt. Sie hatte die Anstrengung und Aufregung trotz der Warnungen ihrer Ärzte auf sich genommen, weil ihre Anwesenheit nach Ansicht der Kennedy-Wahlstrategen dem Kandidaten nützen würde. Tagelang hatte sie, von ihrem Mann unbeachtet, im Lärm von 9000 Delegierten in der heißen, stickigen Luft des *Chicago Amphitheater* ausgeharrt, um schließlich einige Minuten neben ihm im Rampenlicht zu stehen, als Kennedy vor laufenden Fernsehkameras seine Niederlage eingestand und mit einer großzügigen Geste, die ihm sofort die Herzen der Amerikaner gewann, die Nominierung seines Gegners Estes Kefauver per Akklamation vorschlug. Es war der Höhepunkt ihrer Selbstverleugnung, ihrer sorgfältig einstudierten Rolle als brave Ehefrau gewesen; und überdies ein weiteres Beispiel der Loyalität, die sie ihm während der dunklen Tage seiner Krankheit bewiesen hatte.

Aber ihre Loyalität und Solidarität wurden nicht erwidert. Als der Parteitag vorbei war, fand sich Jacqueline allein auf Hammersmith Farm. Kennedy war nach Frankreich geflogen, um sich mit seinem Vater zu beraten, der eine Villa an der Riviera gemietet hatte. Anschließend brach Kennedy an Bord einer gecharterten 15-Meter-Jacht mit dem unvermeidlichen George Smathers, seinem Bruder Ted und einer Reihe hübscher Frauen zu einer Kreuzfahrt durchs Mittelmeer auf. Als die Jacht am 26. August in Genua anlegte, erfuhr Kennedy aus den Zeitungen, daß Jacqueline drei Tage zuvor zum zweitenmal ein Kind verloren hatte. Sie war mit Schmerzen und inneren Blutungen ins Krankenhaus eingeliefert worden, wo das Kind – ein Mädchen – mit Kaiserschnitt zur Welt gebracht worden war. Es war bereits tot; und auch Jacqueline wäre fast gestorben. Von Genua aus telefonierte Kennedy mit den Ärzten. Als sie ihm versicherten, Jacqueline sei außer Lebensgefahr, wollte er die Kreuzfahrt fortsetzen. Daß Jacqueline ihn brauchen könnte, kam ihm offenbar nicht in den Sinn. Es war Smathers, der Kennedy schließlich doch noch zur Rückkehr nach Amerika bewegte: «Wenn du Präsident werden willst, mußt du den Hintern hochkriegen und am Bett deiner Frau auftauchen. Sonst wirst du jede Ehefrau im ganzen Land gegen dich haben.»

Kurz nach dem Parteitag hatte Jacqueline dem Fernsehsender NBC ein Interview gegeben. «Sie lieben Ihren Mann sehr, nicht wahr?» fragte der Reporter. – «Ohhh, nein», hauchte Jacqueline und lächelte in die Kamera. Der Interviewer war sekundenlang sprachlos. Schließlich merkte Jacqueline, daß etwas nicht stimmte: «Ich habe nein gesagt, nicht wahr?» Der Reporter suchte immer noch nach Worten und entschied sich nach einigem Gestammel schließlich, einen neuen Anlauf zu nehmen: «Also … Sie lieben Ihren Mann sehr, oder?» Jacqueline schien nachzudenken. «Es wird wohl so sein», antwortete sie unsicher. Der ganze Wortwechsel wurde aus der Fassung, die schließlich ausgestrahlt wurde, herausgeschnitten. Interessant ist weniger die Fehlleistung an sich als vielmehr Jacquelines Unwille, sich wirklich zu korrigieren und die Fassade der braven Ehefrau und der vorbildlichen Ehe zu wahren – nicht, weil sie Liebe, Geborgenheit, Treue, Familienglück und dergleichen vermißte, sondern weil es Kennedy an elementarer Achtung ihrer Person hatte fehlen lassen; und weil sie dadurch Gefahr lief, in der Öffentlichkeit als lächerlich oder – schlimmer noch – bedauernswert zu erscheinen.

Die Grundlage ihrer Beziehung mußte neu definiert und ausgehandelt werden. Jetzt war es an der Zeit, das Druckmittel der Trennung und der Scheidungsdrohung einzusetzen. Wie zur Zeit der «spasmodischen», unentschiedenen Werbung Kennedys verlangte Jacqueline ein Zeichen, das von ihm ausgehen mußte; und wie damals zog sie sich aus seinem Leben zurück, um darauf zu warten. Zunächst bestand sie darauf, das neuerworbene Haus Hickory Hill zu verkaufen, das in Erwartung ihres Kindes gekauft worden war; und im November 1956 flog sie zu ihrer Schwester nach London. Bald erschienen in der amerikanischen Presse Berichte über ihre Auftritte bei Prominentenpartys und vornehmen Jagdgesellschaften und Gerüchte über eine bevorstehende Scheidung.

Es war aber nicht Jack Kennedy, der dieses Mal das erlösende Wort sprach, sondern sein Vater. Bereits bei ihrem ersten Besuch in Hyannisport als Freundin des jungen Senators hatte Jacqueline in Joe Kennedy den alles entscheidenden Patriarchen erkannt, der die wesentlichen Anordnungen für alle Mitglieder der Familie traf, und ihn mit einer Mischung aus Charme, Koketterie und Frechheit umworben. Jetzt lud er sie zu einem Essen im New Yorker Ritz Tower Hotel ein, um über ihre Forderungen zu verhandeln.

Wie die Zeitschrift *Time* damals meldete, bot Joe Kennedy Jacqueline eine Million Dollar an, wenn sie bei seinem Sohn bliebe. Zusätzlich sollte Jacqueline freie Hand beim Kauf und bei der Renovierung eines Hauses in Washington haben und ein neues Auto bekommen. Wichtiger als diese materiellen Anreize war die Zusage, daß sie fortan Raum und Zeit für ein eigenes Leben außerhalb der Kennedy-Familie und jenseits der Politik erhalten sollte. Das Ausmaß und die Art ihres Engagements für die Sache der Dynastie sollte sie in Zukunft selbst bestimmen können.

Im Frühling 1957 bezogen Jack und Jacqueline Kennedy ein schönes altes Stadthaus aus rotem Klinker an der N Street in Washington. Im November kam ihre Tochter Caroline zur Welt. Wie für alle Männer des Kennedy-Clans war auch für Jack Kennedy die Beziehung zu seinen Kindern stärker und emotionaler als zu seiner Frau. Es ist nicht übertrieben, zu sagen, daß Caroline das einzige Wesen war, das Kennedys Zurückhaltung, seine Scheu vor körperlichem Kontakt und offen gezeigten Gefühlen überwinden konnte. Es gibt kein Foto, das Jacqueline und ihren Mann schmusend oder händchenhaltend zeigt; aber bei Caroline schien sich dieser zurückhaltende Mann entspannen und seine Angst vor Nähe zeitweilig verlieren zu können. Nur sie durfte ihn streicheln, küssen, umarmen; und wenn er da war, versuchte er, ihr zu geben, was ihm als Kind gefehlt hatte: «Meine Mutter hat mich nie in den Arm genommen und gedrückt – nie, nie!» Die Jahre 1957 bis 1960 waren aber auch die Jahre, in denen Kennedys Strategie des permanenten Wahlkampfs voll entfaltet wurde; und das Kind mußte sich an viele Abschiede gewöhnen. Ihre ersten Worte waren «Flugzeug», «Auf Wiedersehen», «New Hampshire», «Wisconsin» und «West Virginia» – die Namen der Bundesstaaten, in denen die entscheidenden Vorwahlkämpfe stattfanden.

Die Erfahrung dieser einmaligen Intimität mit seiner Tochter bedeutete aber für Kennedy genausowenig wie für Jacquelines Vater Black Jack, daß er seine Abenteuer unterließ oder auch nur einschränkte. Die Beziehung zu seiner Mitarbeiterin Pamela Turnure führte zu einem Miniskandal, als die katholischen Hauswirte des Mädchens ein Foto an Zeitungen, Rundfunk- und Fernsehanstalten schickten, das den nächtlichen Besuch des Senators belegte. Die Geschichte wurde aber von fast allen Medien ignoriert; im prüden Amerika der fünfziger und sechziger Jahre waren die von

Männern beherrschten Medien – gleichgültig, welcher politischen Richtung – Teil einer umfassenden Verschwörung des Schweigens gegenüber solchen Kavaliersdelikten. In die Zeit zwischen Carolines Geburt und dem Einzug ins Weiße Haus fällt auch der Beginn der Affäre Kennedys mit Marilyn Monroe und der gefährlichen Liaison mit dem Mafia-Partymädchen Judith Campbell. Daneben versorgten ihn sein Kollege George Smathers und sein Freund Frank Sinatra mit Filmsternchen, Stripperinnen und Edelhuren, die Kennedy in seinen Hotelsuiten in Washington und New York empfing. «Ich will nicht über Jack und seine Weiber reden», sagte Kennedys Schwager Peter Lawford, Schauspieler und Mitglied von Sinatras *Rat Pack*. «Ich war Franks Mädchenbeschaffer, und Frank hat Jack die Mädchen besorgt.» «Heute klingt das schrecklich, aber damals hat es viel Spaß gemacht.»

Jacqueline kamen die Geschichten immer wieder zu Ohren, und sie zog ihren Mann gelegentlich damit auf. Für sie waren diese Frauen aber – gerade weil es so viele waren – keine Rivalinnen; und man kann sich angesichts ihrer Fragilität und Reserviertheit und angesichts der fehlenden Zärtlichkeit in Kennedys Sexualverhalten vorstellen, daß sie es nicht ungern sah, wenn andere Frauen die Aufgabe übernahmen, «dafür zu sorgen, daß es seinem Rücken bessergeht», wie es Marilyn Monroe ausdrückte. Was Jacqueline ärgerte, war die Tatsache, daß Kennedy so oft Gefahr lief, in einer kompromittierenden Situation entdeckt zu werden, die auch von einer wohlwollenden Presse nicht mehr übersehen werden könnte.

Im Wahlkampf von 1960 tauchten immer wieder Gerüchte über das Sexualleben Kennedys auf, denen Jacqueline zunächst mit Interviews begegnete, in denen sie präparierte Texte aufsagte wie: «Er ist ein Fels, an den ich mich in jeder Lage anlehne. Er ist so fürsorglich – fragen Sie alle seine Mitarbeiter! Und er ist nie gereizt oder launisch. Für mich würde er alles tun, er würde mir jeden Wunsch erfüllen.» Da

Kennedys ehemaliger Freund und jetziger Gegner Richard Nixon mit seinem tadellosen Familienleben hausieren ging und sich überall von seiner Ehefrau Pat begleiten ließ, beschloß Jacqueline, sich im Wahlkampf ebenfalls an Kennedys Seite zu zeigen. Die Kennedys waren skeptisch. «Jackie ist also bereit für Amerika», sagte Kennedy. «Aber ist Amerika bereit für Jackie?»

Wie es sich zeigte, schien Amerika geradezu auf Jacqueline gewartet zu haben. Bei Gesprächen mit Journalisten und Parteiarbeitern, potentiellen politischen Verbündeten und Geldgebern hatte Jacqueline inhaltlich wenig beizutragen, aber sie «hatte den Geist und verführerischen Charme einer Kurtisane des 18. Jahrhunderts», bemerkte Clare Booth Luce. «Wenn sie die Männer mit ihren riesigen Augen anschaute, *schmolzen* sie förmlich dahin.» Zwar wurde Jacqueline in den Medien kritisiert, weil sie jährlich $ 30.000 (das entspricht der heutigen Kaufkraft einer halben Million DM) für Kleidung ausgab; aber die Berichte führten nur dazu, daß zu Kennedys Kundgebungen noch mehr Frauen erschienen, die an Jacquelines Garderobe mindestens ebenso wie an der Rede des Kandidaten interessiert waren. Und als Jacqueline sich schließlich dazu durchrang, die besonders kritischen weiblichen Mitglieder des Washingtoner Pressecorps zum Tee einzuladen, passierte etwas Seltsames: «Sie wurden alle sanft wie Lämmer», sagte eine Mitarbeiterin. «Es war fast so, als ob – auch wenn das jetzt gegenüber den Reporterinnen gemein klingt – [Jacqueline] eine solche *Dame* war, wissen Sie, daß sie unterwürfig wurden.»

«Ich dachte, sie würde ein Desaster für uns bedeuten», bekannte ein Wahlkampfleiter. «Für West Virginia war sie meiner Meinung nach zu sehr *upper class*, und ich dachte, die Leute hier wären beleidigt, wenn sie in ihren Designer-Kleidern auftrat. Ich lag völlig falsch. Die Leute sahen sie als Prinzessin an, und sie sonnten sich in ihrem Glanz, statt davon abgestoßen zu sein.»

Superman kommt zum Supermarkt

Denn obwohl ich frei bin von jedermann, habe ich doch mich selbst jedermann zum Knecht gemacht, damit ich möglichst viele gewinne. ... Ich bin allen alles geworden, damit ich auf alle Weise einige rette.

1. Korinther 9

«Ich werde Ihnen sagen, wer Jack Kennedy zum Präsidenten gemacht hat», sagte Kardinal Cushing 1966 in seinem Amtssitz einem späteren Bewerber um das höchste Staatsamt. «Es waren sein Vater Joe und ich, hier in diesem Zimmer.» Ungeniert erzählte der katholische Würdenträger, wie von ihm ausgewählte protestantische Geistliche großzügige Spenden aus dem Privatvermögen Kennedys erhalten hatten; im Gegenzug sollten sie von der Kanzel herab erklären, mit der Stimmabgabe für einen katholischen Kandidaten würden gute Protestanten ihre religiöse Toleranz unter Beweis stellen. «Das ist gut für den Herrn, es ist gut für die Kirche, es ist gut für den Geistlichen, und es ist gut für den Kandidaten», erklärte Cushing lächelnd. – Cushing besaß noch die *Chuzpe*, Kennedys Gegner Richard Nixon zum «Mann des Guten Willens 1960» zu nominieren, «weil er nie die religiöse Frage für sich ausgenutzt» habe.

Der Diener des Herrn ist nicht der einzige, der später die Rolle des Königmachers für sich in Anspruch nahm. So brüstete sich Mafiaboß Sam («Momo») Giancana gegenüber Judith Campbell: «Hör mal, Süße, ohne mich wäre dein

Boyfriend gar nicht erst ins Weiße Haus gekommen.» Giancana wußte, wovon er sprach: Über Frank Sinatra sowie den Casinobesitzer Paul («Skinny») D'Amato hatte die Mafia so viele Bestechungsgelder für den Vorwahlkampf in West Virginia locker gemacht, daß «die Menschen dort 15 Jahre lang keine Sozialhilfe brauchen werden», wie Kennedys Demokratischer Rivale Hubert Humphrey schimpfte.

Sinatra, der auch Kennedys Wahlkampflied *High Hopes* einspielte, blieb mit seinen Beziehungen und Kontakten während der gesamten Kampagne für Kennedy aktiv. «Frank hat die Wahl für Kennedy gewonnen. Das wußten wir alle», sagte Skinny D'Amato später. Sinatras eigene Hoffnungen waren allerdings auch nicht gerade bescheiden: Unmittelbar nach der Wahl ließ er einen Hubschrauberlandeplatz und ein weiteres Gästehaus auf seinem Anwesen in Palm Springs bauen, das, wie er überzeugt war, zu einem Weißen Haus des Westens werden würde.

Ein weiterer Freund und Wahlhelfer war Richard Daley, der korrupte Bürgermeister von Chicago. Als der Wahlausgang in den Bundesstaaten Kalifornien, Michigan, Minnesota und Illinois noch ungewiß war und ein Sieg Nixons möglich schien, telefonierte Kennedy mit dem alten Freund seines Vaters und Verbündeten des Syndikats. «Mr. President, mit etwas Glück und der Hilfe einiger enger Freunde werden Sie Illinois bekommen», versicherte ihm Daley. So kam es auch.

In Texas – fest in der Hand der politischen Maschine Lyndon Johnsons, den Kennedy zuweilen «Erdrutsch» nannte, in Anspielung auf die Wahlfälschung, mit der Johnson erstmalig in den Senat kam – verschwanden Wahlzettel, versagten Wahlmaschinen in sicheren Republikanischen Wahlkreisen, tauchten 100.000 Stimmen für das Gespann Johnson-Kennedy auf, deren Herkunft niemals geklärt wurde.

Wieviel Geld Joseph Kennedy ausgegeben hat, um seinem Sohn die Nominierung und die Wahl zu sichern, wird wahrscheinlich nie zu ermitteln sein. Er selbst sagte einmal: «Was sind schon 100 Millionen, wenn es um Jacks Sieg geht?» Eleanor Roosevelt meinte, Joe Kennedy habe in jedem Staat «seine bezahlten Vertreter», die in seinem Namen «Unmengen Geld» ausgäben. Expräsident Truman weigerte sich, am Nominierungsparteitag der Demokraten 1960 teilzunehmen, weil so viele Delegierte gekauft worden seien, daß das Ergebnis bereits vor Beginn feststehe. Und während Kennedy vor progressiven Parteiaktivisten in den Nordstaaten versprach, mehr für die Bürgerrechte zu tun, und sogar behauptete, die Nominierung ohne eine einzige Stimme aus dem Südstaatenblock gewinnen zu wollen, traf er sich – wie der schwarze Delegierte Adam Clayton Powell enthüllte – heimlich mit reaktionären Südstaatlern wie dem Gouverneur von Alabama John Patterson und dem früheren Chef der rassistischen *White Citizens' Councils*, die zum Boykott von Elvis Presley aufriefen, weil er «den weißen Mann auf die Ebene des schwarzen Mannes herabziehe». Der Verleger John S. Knight kommentierte: «Kennedy will die New Yorker Eierköpfe glauben lassen, er habe mit dem ‹zurückgebliebenen Süden› nichts am Hut. Dabei macht sich Kennedy mit Versprechungen, Druck und Bargeld bei jedem leicht beeinflußbaren politischen Führer südlich der Mason-Dixie-Line lieb Kind …»

Solche Deals standen zwar im Gegensatz zur Aufbruchsrhetorik der *New Frontier*, stimmten aber mit der Strategie des Kennedy-Wahlkampfs überein, allen Menschen alles zu versprechen, ohne Rücksicht auf Widersprüche und ohne die Möglichkeit, auch nur eine der Versprechungen – laut *Congressional Record* waren es ca. 220 – in die Tat umzusetzen. «Das hätten wir geschafft», sagte Kennedy nach einer Rede über Landwirtschaftspolitik irgendwo in South Dakota. «Und nach der Wahl im November: *Fuck the farmers.*» Und so versprach er mehr Geld für das Land und für die Städte; für Arbeiter, Lehrer, Arme und Alte; für den Bau von Schulen und Kasernen, Wohnungen und Atombunker; für Anti-Guerilla-Einheiten und Interkontinentalraketen; für die Weltraumfahrt und die Entwicklungshilfe; versprach erhöhte Staatsausgaben, eine Steuersenkung für alle und einen ausgeglichenen Staatshaushalt; eine aktivere Rolle des Staates und einen Kampf gegen *big government*; versprach den Schwarzen Bürgerrechte und den Südstaaten die Respektierung der «Rechte der Einzelstaaten», ihre Bürger weiterhin in Menschen erster und zweiter Klasse einzuteilen; seinen Freunden in der Mafia Zusammenarbeit und der Öffentlichkeit den Kampf gegen das organisierte Verbrechen, das Robert Kennedy – vermutlich ohne Selbstironie – «den Feind in unserer Mitte» nannte; den Kalten Kriegern ein härteres Auftreten gegenüber dem internationalen Kommunismus und den Befürwortern der Entspannung eine «Strategie des Friedens». Die Liste ließe sich über Seiten fortsetzen. «Superman kommt zum Supermarkt» – so beschrieb der Schriftsteller Norman Mailer die Kampagne Kennedys 1960; aber Kennedy war Superheld und Supermarkt in einer Person. Und dennoch gewann er die Wahl 1960 mit der hauchdünnen Mehrheit von 118.574 bei 68.334.888 abgegebenen Stimmen. Es war der knappste Wahlsieg in der Geschichte der USA.

Mit einer der unnachahmlichen Wendungen Ted Sorensons, die so viel dazu beitrugen, den intellektuellen Ton seiner Politik anzuheben und deren Widersprüche zuzukleistern, bezeichnete sich Kennedy als einen «Idealisten ohne Illusionen»; und so konnte noch jede opportunistische Wendung als positive Eigenschaft – nämlich Illusionslosigkeit und Realitätssinn – ausgegeben werden, während Kennedys Kritiker, die auf das Einlösen seiner Versprechen pochten, als Idealisten *mit* Illusionen abgetan wurden, denen die notwendige Härte – *toughness* war ein Lieblingswort der Administration – für das politische Geschäft fehlte.

Natürlich sind Korruption und faule Kompromisse, leere Versprechen und hohle Floskeln, Volkstümlichkeit in Versammlungen und Zynismus hinter verschlossenen Türen bis zu einem bestimmten Grad das tägliche Brot einer Demokratie, wo man, wie Joe Kennedy sagte, «drei Dinge braucht», um politischen Erfolg zu haben: «Geld, Geld und nochmals Geld». Aber Kennedy war gerade bemüht, sich das Bild eines Menschen zu geben, der mit der gewöhnlichen Parteipolitik nichts gemein hat. Typischerweise geschah das mit Hilfe zweier Argumentationsketten, die einander widersprachen. Einerseits behauptete er, ein Pragmatist zu sein; die Probleme der sechziger Jahre stellten «subtile Herausforderungen» dar, für die «technische, nicht politische Antworten gefunden werden» müßten und die nicht durch die «großen, ‹leidenschaftlichen Bewegungen›» zu lösen seien, «die unsere Nation in der Vergangenheit so oft aufgewühlt haben». Gleichzeitig aber versprach er, der Nation wieder eine «moralische Orientierung» zu geben. Das Weiße Haus werde unter seiner Ägide – und das konnte er, ohne mit der Wimper zu zucken, sagen – «das Zentrum der moralischen Führung» Amerikas sein.

Tatsächlich war Kennedy kein gewöhnlicher Parteipolitiker. «Beim Rückblick auf seine ... Kampagnen muß man sagen, daß [JFK] nur dem Namen nach Demokrat war», urteilte später Tip O'Neill, jahrelang Demokratischer Sprecher des Repräsentantenhauses. «Er war ein Kennedy, und das bedeutet mehr als nur eine Familienzugehörigkeit. Daraus wurde bald eine ganze politische Partei, mit ihren eigenen Leuten, ihren eigenen Methoden und ihren eigenen Strategien.»

Und, muß man hinzufügen, einer eigenen Moral, einem Pragmatismus des Erfolgs, bei dem es, wie Joe Kennedy seinen Söhnen immer wieder einhämmerte, «nicht darauf ankommt, was du bist, sondern wofür dich die Leute halten». Wenn es aber nicht darauf ankommt, was man ist; wenn man allen Menschen alles sein soll; wenn der Erfolg über Richtig und Falsch entscheidet – wie soll ein Mensch einen Sinn dafür entwickeln, was er selbst für richtig und falsch hält; woran er selbst glaubt; was und wer er selbst ist? Das war John Kennedys Dilemma, politisch wie privat. Jahrzehnte nach seinem Tod bemerkte Jacqueline: «Für solche Leute [wie die Kennedys] ist es schwer, fast gefährlich, irgend etwas von sich preiszugeben. Jack hätte am liebsten gar nichts von sich preisgegeben ...» Es ist für solche Menschen schwer, sich zu öffnen, weil sie nicht wissen, wer sie sind – und ob sie etwas sind; es ist gefährlich, weil dieses Eingeständnis der Leere sie existentiell in Frage stellt. Bei den Kennedys aber war die Verstellung zur zweiten Natur geworden, und John Kennedys Tod war auch deshalb eine Tragödie, weil er keine Gelegenheit gefunden hatte, diese tödliche Moral zu hinterfragen.

Sein Körper selbst war der fleischgewordene Sieg des Scheins über das Sein. Aus dem schwerkranken Mann, der mit 43 Jahren glaubte, seine Zeit sei bald abgelaufen, und der keinen Tag seines Erwachsenendaseins ohne Schmerzen lebte, wurde ein strahlender, dynamischer, jugendlicher Held konstruiert. Nur gelegentlich ließ Kennedy die Maske fallen. Als der fünfundachtzigjährige Bundeskanzler Konrad Adenauer bei einem Besuch im Weißen Haus Kennedys Sohn in die Arme nahm und hochwarf, sagte Kennedy traurig: «Sehen Sie, das kann ich nicht.» Sofort wurde aber selbst aus dieser körperlichen Schwäche eine politische Stärke gemacht: «Kennedy litt an einer schweren Rückgratverletzung aus dem letzten Weltkrieg», notierte Adenauer die offizielle Erklärung in seinen Erinnerungen. Die romantische Aura des Kriegshelden wurde durch eine im Dienst des «Mutterlands» erlittene Verletzung ja nur verstärkt. Von Verletzungen beim Football und dem verkürzten linken Bein, den sehr prosaischen Gründen für Kennedys Rückenprobleme, war auch im privaten Gespräch nie die Rede. Immer wieder auftauchenden Berichten über seine Addison-Krankheit trat Kennedy mit einer glatten Lüge entgegen: «Kein Mensch, der die Addison-

Krankheit hat, sollte Präsident werden. Aber ich habe sie nicht.» Die zuweilen gelbliche Färbung seiner Haut, Symptom der Addison-Krankheit, wurde, wenn sie nicht durch eine in Palm Beach sorgfältig kultivierte Sonnenbräune übertüncht werden konnte, mit einer angeblichen Malaria erklärt, ebenfalls Ergebnis seines Kriegseinsatzes im Südpazifik.

Kennedys Status als Kriegsheld war auch das Produkt geschickter Propaganda seitens der Kennedy-Maschine. Kennedys Tapferkeit als Kommandant von *PT 109* und sein Einsatz für die Rettung seiner Männer nach der Versenkung des Boots sind nicht zu bestreiten. Bis heute konnte aber nicht befriedigend geklärt werden, wie ein leichtes, schnelles, wendiges Torpedoboot, das in Erwartung japanischer Zerstörer in einer Meerenge auf Lauer lag, von einem dieser Zerstörer überrascht und gerammt werden konnte. Zwei Männer fanden dabei den Tod. Die Marine erwog eine Zeitlang sogar disziplinarische Maßnahmen gegen Kennedy. Vor allem den Beziehungen und dem Einsatz Joseph Kennedys ist es zu verdanken, daß aus diesem unbedeutenden und wenig ruhmreichen Zwischenfall ein Heldenepos gemacht wurde – Gegenstand eines von der Kennedy-Wahlmaschine millionenfach nachgedruckten Artikels in *Reader's Digest*, eines Buchs und schließlich eines Hollywoodstreifens mit Cliff Robertson in der Rolle des mutigen jungen Leutnants Kennedy.

Der Mut ist wahrscheinlich die Eigenschaft, die neben seinem blendenden Aussehen am häufigsten mit Kennedy assoziiert wird. An Tapferkeit fehlte es ihm nicht. Es gibt allerdings eine andere Art von Mut, die vielleicht – für einen Politiker auf jeden Fall – wichtiger ist. Kennedy selbst hat mit seinem Buch *Zivilcourage* diesen Begriff ins Zentrum der politischen Diskussion gerückt. Das – hauptsächlich von Sorensen geschriebene – Buch, für das Kennedy den Pulitzerpreis in der Sparte Biographie erhielt, beschreibt Situationen im Leben berühmter amerikanischer Politiker aller Couleur, in denen sie ihre eigene Karriere wegen einer Gewissensentscheidung aufs Spiel setzten. Solche Männer, die den Mut haben, «sich mit ihrem Präsidenten, ihrer Partei oder der in der Nation vorherrschenden Stimmung anzulegen», obwohl sie bei der «fürchterlichen Endgültigkeit der persönlichen Entscheidung» ihre Wähler vor sich sehen, die «wie Poes Rabe ‹nimmermehr› krächzen», seien die eigentliche Hoffnung der Demokratie. Das Konzept der Zivilcourage, der Notwendigkeit der eigenen Gewissensentscheidung und des moralischen Muts zum politischen Widerstand gegen «Denkfaulheit und konventionelle Denkformen», hat – als Reaktion auf die große Furcht der McCarthy-Ära – die politische Landschaft der sechziger Jahre entscheidend beeinflußt, wenn auch sicher anders, als es sich Kennedy gedacht hat. Bereits die ersten Studentenproteste in Berkeley 1962 – gegen Kennedy und den Krieg in Vietnam – beriefen sich darauf. Doch der Mann, der sich mit diesem Buch als Vertreter einer neuen, moralisch verpflichteten Politik empfahl, hätte gerade zu der Zeit, als er das Buch konzipierte und schreiben ließ, eine einzigartige Gelegenheit gehabt, nicht nur von Zivilcourage zu reden, sondern sie auch unter Beweis zu stellen – aber er versagte.

Ende 1954 wurde endlich Joseph McCarthy das Handwerk gelegt. Über fünf Jahre lang hatte er mit seiner Behauptung einer großangelegten kommunistischen Unterwanderung der Regierung, der Unterhaltungsindustrie, der Medien und der Literatur, mit Entlarvungen, Denunziationen und Verdächtigungen ein solches Klima der Angst verbreitet, daß sich selbst der von McCarthys Methoden angewiderte Präsident Eisenhower nicht traute, öffentlich gegen ihn Stellung zu beziehen. Als der von Größenwahn und Paranoia getriebene McCarthy jedoch seine Angriffe auf die U.S.Army ausdehnte, hatte er den Bogen endgültig überspannt. Selbst Erzkonservative befanden nun, diesem Treiben müsse ein Ende gesetzt werden. Am 2. Dezember 1954 wurde McCarthy vom Senat der USA mit 67 zu 22 Stimmen gerügt. Es war eine Sternstunde der amerikanischen Demokratie, vergleichbar der im gleichen Jahr gefällten Entscheidung des Obersten Gerichts der USA, die Rassentrennung an Schulen sei mit der Verfassung nicht vereinbar. Senator Kennedy aber, der im Krankenhaus lag, machte von seinem Recht, dem Senat sein Abstimmungsverhalten zu signalisieren, keinen Gebrauch. Er war der einzige Demokratische Senator, der sich bei dieser historischen Abstimmung der Stimme enthielt.

Dazu hatte Kennedy, das muß man einräumen, allen Grund. Der irischstämmige McCarthy war ein Freund Joe Kennedys, hatte sich für die Kennedy-Töchter interessiert und war ein häufiger Gast in den Kennedy-Häusern gewesen. John Kennedy hatte in McCarthys berüchtigtem Ausschuß für unamerikanische Aktivitäten gesessen, und sein Bruder Bobby hatte im Auftrag von McCarthys rechter Hand Roy Cohn nach Homosexuellen im Außenministerium geschnüffelt. (Wie es die Ironie der Geschichte wollte, war der Schwulenjäger Cohn selbst homosexuell und starb 1986 an AIDS.) Schließlich waren Kennedys Wähler größtenteils Anhänger McCarthys. Hätte aber Kennedy gegen die Verurteilung McCarthys gestimmt, was auf seine Weise auch ehrenhaft gewesen wäre, hätte er jede Chance verloren, die Unterstützung der Intellektuellen und des fortschrittlichen Flügels der Demokraten zu gewinnen, die er gerade mit seinem Buch über Zivilcourage umwarb. «Was hätte ich tun sollen – Harakiri begehen?» fragte Kennedy später. Dem politischen Tod ins Auge zu sehen und trotzdem der Stimme des Gewissens zu folgen – genau diesen Mut verlangte doch der Autor von «Profiles in Courage». Eleanor Roosevelt resümierte enttäuscht, Kennedy hätte «weniger Profil und mehr Courage zeigen» sollen; er sei «... ein Mensch, der weiß, was Mut ist, der ihn bewundert, dem aber die Unabhängigkeit fehlt, ihn auch zu besitzen».

Ihr Wort verhallte. Die linksliberalen Intellektuellen, die

Jahrzehnte auf sie gehört und auf einen neuen Roosevelt gehofft hatten, waren es leid, von der Macht ausgeschlossen zu sein. Sie suchten nach einem Argument, das es ihnen ermöglichte, zu Kennedy überzulaufen. Und sie fanden es bei Norman Mailer, der in einem vielgelesenen Artikel Fragen der politischen Courage mit einer großen Geste vom Tisch wischte, in dem er Kennedy als den «existentiellen Helden» entdeckte und Amerika aufforderte, beim Rennen Kennedy – Nixon zwischen «Drama und Stabilität», «dem Rätsel und der tödlichen Sicherheit», «Glanz und Häßlichkeit» zu wählen; und der die Frage des Muts umdrehte. Statt zu fragen, ob der Kandidat die Zivilcourage besaß, die eine große Nation mit einigem Recht von ihren Führern verlangen kann, fragte Mailer die Nation, ob sie den Mut habe, Kennedy zu wählen. «Wird Amerika tapfer genug sein, den romantischen Traum seiner selbst aufzugreifen ...?» fragte Mailer. «Ist das Volk mutig genug, auf eine Beschleunigung der Zeit zu hoffen, auf ein neues, dramatisches Leben ...?»

«In der Nacht, als Kennedy gewählt wurde, fühlte ich mich elend, als hätte ich einen schrecklichen Fehler gemacht», bekannte Mailer später, «... als wäre ich verantwortlich oder schuldig für alles, was in Kennedys Karriere böse, gefährlich oder potentiell totalitär war ... ein weiterer vornehmer Verräter im Land.»

Wilder Westen

Die Nation hatte nicht erkannt, daß sie, um mit der Diktatur erfolgreich ... mitzuhalten, vorübergehend ihre demokratischen Privilegien aufgeben müßte. Ihre ganzen Energien müßten in eine Richtung gelenkt werden, so wie Deutschlands Interessen seit 1933 gelenkt worden waren. Das bedeutete freiwilligen Totalitarismus ...

John F. Kennedy, «Why England Slept», 1940

Die Ansprache ist zu Recht berühmt. Sie gehört zu den Reden, die mit einem Schlag die Stimmung einer Nation verändern und damit Geschichte machen können – wie Churchills Rundfunkansprache an das britische Volk in dem dunklen Jahr 1940, in der er «Blut, Schweiß und Tränen» und den schließlichen Sieg über Hitler versprach, oder Franklin Roosevelts erste Inauguralrede 1933, in der er auf dem Höhepunkt der Weltwirtschaftskrise versicherte, das amerikanische Volk habe «nichts zu befürchten außer der Furcht». Als John F. Kennedy aber am frosthellen Morgen des 20. Januar 1961 seine Inauguralansprache hielt, genoß die Mehrheit der Amerikaner einen Wohlstand ohnegleichen in der Geschichte der Welt, waren nirgendwo in der Welt amerikanische Soldaten an Kampfhandlungen beteiligt. Wenn es jemals eine Zeit gegeben hat, in der es einem Land möglich gewesen wäre, sich in aller Ruhe der Frage zu widmen, wie mehr Demokratie, mehr Gerechtigkeit und mehr Lebensqualität für seine Bürger zu erreichen wären, dann war es dieses Jahr 1961, dann war dieses Land die USA. Und die Frage wäre notwendig gewesen. John Steinbeck hatte bei seinen Reisen durch das reiche, friedliche, selbstzufriedene Amerika «ein kriechendes, alles durchdringendes Nervengas der Immoralität» festgestellt und außerdem «eine nervöse Unruhe, einen Durst, eine Sehnsucht nach etwas Unbekanntem – vielleicht nach einer Moralität». Es war eine scharfsinnige Beobachtung; und aus diesem Durst und dieser Sehnsucht wurde der Aufstand der sechziger Jahre geboren, dessen Hymne – *The Times They Are A-Changing* – 1963 von einem jungen Mann namens Bob Dylan geschrieben wurde, der wenige Tage nach Kennedys Inauguration aus dem Mittleren Westen nach New York gekommen war.

Kennedys Antrittsrede aber beschwor eine ganz andere Situation, eine ganz andere Aufgabe – und schuf eine ganz andere Stimmung, eine ganz andere Erwartungshaltung. Kein Wort war der Innenpolitik – der Frage der Bürgerrechte für Amerikaner schwarzer Hautfarbe etwa – gewidmet. Statt dessen hörten die Amerikaner – erschrocken oder begeistert, je nach Temperament – von ihrem Präsidenten, daß ihm und ihnen in diesem Augenblick die Aufgabe zufalle, «die Freiheit in der Stunde höchster Gefahr zu verteidigen», und daß sie «jeden Preis zahlen, jede Bürde tragen, jeder Schwierigkeit trotzen, jeden Freund unterstützen, jeden Feind bekämpfen» müßten, «um das Überleben und den Sieg der Freiheit zu sichern». Die Rede schloß mit dem berühmten Appell: «Fragt nicht, was euer Land für euch tun kann; fragt vielmehr, was ihr für euer Land tun könnt ...» – und mit dem in Amerika vielleicht obligaten Hinweis, «hier auf Erden obliegt es uns, Gottes Arbeit zu leisten».

Sorensen, der die Rede geschrieben hatte, beobachtete die Gesichter der Menge vor dem Kapitol und glaubte zu erkennen, daß sie «die Kälte, die alten Grenzen von Partei, Rasse, Religion und Nation» vergessen hätten. Andere waren eher beunruhigt. «Es klang», schrieb der liberale englische Historiker Hugh Brogan in seinem Standardwerk über die Geschichte der USA, «wie der Aufruf zu einem neuen Weltkrieg. Konnte er es wirklich so meinen?»

War es ein Aufruf zum Weltkrieg? Nein, nicht ganz. Aber ein Aufruf, «der Gezeiten Lauf zu ändern», wie Kennedy eine Sammlung seiner Reden nannte. Seit Jahren seien «die Gezeiten der internationalen Politik» gegen «die Welt der Vielfalt und der Freiheit» und zugunsten des Kommunismus geflossen; und die Amerikaner hätten, wie die Europäer vor 1939, satt und zufrieden zugesehen, wie die Freiheit an Boden verlor. Die Gezeiten zwingen, ihre Richtung zu ändern – eine Wende im Kalten Krieg herbeizuführen: das war die geschichtliche Rolle, von der Kennedy träumte. Indem Amerika diese Herausforderung auf allen Feldern annahm, würde es wieder ein Gefühl für seine historische Mission gewinnen, als Nation den Glanz der *Frontier*-Zeiten wiedergewinnen und «die schleichende Mittelmäßigkeit, den nationalen Niedergang, die private Bequemlichkeit auf Kosten des öffentlichen Interesses, die abgestandene, stickige Luft der ‹Normalität›» überwinden. Es war ein Konzept, das, wie Kennedy sagte, «an den Stolz, nicht an die Brieftasche» der Amerikaner rührte; ein vielleicht ehrenhaftes, aber gefährliches Konzept, zumal Kennedys Gegenspieler Nikita Chruschtschow ein unberechenbarer Kopf war, der seinerseits außenpolitische Erfolge brauchte, um seine Reform der sowjetischen Gesellschaft voranzubringen und die Führung der «kommunistischen Weltbewegung» gegen die Herausforderung durch Mao Zedong zu verteidigen.

Konnte er es aber wirklich so meinen? Nein. Denn gerade das Fehlen eines «Engagements mit dem Herzen», einer wirklichen Leidenschaft, mußte bedeuten, daß Kennedy nie ganz zum Sklaven seiner Rhetorik wurde. Er war kein Ideologe, und schon gar nicht ein leidenschaftlicher Ideologe. Und doch kam die Welt in den tausend Tagen Kennedys näher an den nuklearen Abgrund als jemals zuvor und jemals

20. Januar 1961: John F. Kennedy wird als 35. Präsident der USA vereidigt. Kennedy forderte in seiner Inaugurationsrede neben einem verstärkten Kampf gegen den Kommunismus zu einem globalen Einsatz gegen Hunger, Armut und Krieg auf, zur Erforschung des Weltraums und der Ozeane, zur Fruchtbarmachung der Wüsten. Expräsident Eisenhower hingegen warnte in seiner Abschiedsrede vergeblich vor der wachsenden Macht des «militär-industriellen Komplexes».

danach. Und das war kein Zufall. Denn sowohl die innenpolitische Situation als auch Kennedys Interessen, Charakter, Temperament und Geschichte drängten ihn dazu, die Konfrontation mit Chruschtschow zu suchen, in der Anheizung des Kalten Kriegs eine Gelegenheit zu sehen, Profil und Courage zu zeigen.

Innenpolitisch war Kennedy schwach. Gegen Nixon hatte er mit einer hauchdünnen Mehrheit gewonnen, für die er zudem politische Schulden gemacht hatte, die noch eingeklagt werden konnten. Nicht einmal die Hälfte der Wähler hatte ihm die Stimme gegeben, und der Kongreß war so gespalten wie die Nation. An die Einlösung auch nur eines Bruchteils seiner 220 Wahlkampfversprechungen war ohnehin nicht zu denken. Aber die Innenpolitik interessierte ihn im Grunde genommen ohnehin nicht. Wie die meisten Amerikaner seiner Generation glaubte er, Roosevelts New Deal habe die grundlegenden Widersprüche einer kapitalistischen Gesellschaft gelöst und die noch verbleibenden Probleme ließen sich als «technische Probleme, administrative Probleme» abtun. Die Dringlichkeit und Sprengkraft der Rassenfrage in den Vereinigten Staaten erkannte er nicht: «[Die Kennedys] begreifen nicht, daß eine soziale Revolution in der Welt vor sich geht», erklärte Martin Luther King, «und darum verstehen sie nicht, was wir hier tun.»

Kennedys ganzes Leben hatte aus einer Serie von Herausforderungen bestanden; immer hatte es einen neuen Wahlkampf, einen klaren Gegner, einen Sieger und einen Besiegten gegeben. Das Ziel war immer das Weiße Haus gewesen. Als Präsident aber wollte Kennedy etwas erreichen, was ihm buchstäblich mehr bedeutete als sein Leben: nämlich historische Größe. Und wahre Größe, so glaubte er, zeige sich erst in der Krise: «Aus großen Krisen gehen große Männer und große, mutige Taten hervor.»

Kein Wunder, daß die erste bedeutende Handlung der Administration in dem Versuch bestand, mit Hilfe einer vom CIA ausgebildeten und ausgerüsteten Truppe von exilierten Castro-Gegnern Kuba zu erobern. Die Landung in der Schweinebucht sollte das Fanal für die historische Wende im Kalten Krieg sein. Statt dessen wurde sie ein Fiasko. «Wie schade, daß Gott den Menschen mit begrenzter Intelligenz, aber unbegrenzter Dummheit ausgestattet hat», kommentierte Bundeskanzler Adenauer.

Chruschtschow war wütend und sann auf Rache. Kennedy war wochenlang deprimiert und, wie Jacqueline einer Freundin mitteilte, oft den Tränen nahe. Doch die bittere und beschämende Niederlage führte nicht zu einer politischen Umkehr, sondern nur zu taktischen Korrekturen. Kennedy blieb bei der Politik der Herausforderung.

Schließlich hatte Kennedy einen Historiker wie Arthur Schlesinger als Sonderberater, der in seinem Buch *The Vital Center* geschrieben hatte: «... Wir müssen uns der permanenten Krise verpflichten, in der die moralische, politische und sehr wahrscheinlich auch die militärische Kraft beider Seiten auf die Probe gestellt wird ... Wir müssen begreifen, daß hierin das Wesen unserer Zeit liegt: Die Rückkehr in den Mutterschoß ist uns endgültig verschlossen, die Sicherheit ist ein dummer Traum alter Männer, die Krise wird unser Leben immer begleiten.»

Sie war jedenfalls ständiger Begleiter des Lebens in den «tausend Tagen» Kennedys. Eine Krise jagte die andere – auf die Schweinebucht folgten die Drohungen Chruschtschows gegen West-Berlin und der Bau der Berliner Mauer; der Kampf gegen kommunistische Guerillakämpfer in Laos und Vietnam; Putsche und Gegenputsche im Kongo; und als Höhepunkt die 13 Tage der Kubakrise, als die beiden Atommächte UdSSR und USA einander Auge in Auge gegenüberstanden, die Hand am nuklearen Abzug. Von Anfang an beschwor Kennedy in apokalyptischen Wendungen die existentielle Gefahr, in der sich die USA befinde: «Bevor meine Amtszeit abgelaufen ist, werden wir erneut den Beweis dafür zu erbringen haben, ob eine Nation ... wie die unsrige fortdauern kann. Das Ergebnis ist keineswegs sicher.» Amerika stehe «einer tödlichen Gefahr gegenüber, schlimmer als jede Gefahr, die wir bisher ... gekannt haben». Amerikaner zu sein werde in dem kommenden Jahrzehnt «ein riskantes Erlebnis sein – ein Leben Auge in Auge mit der Gefahr». Und man kann nicht umhin, angesichts dieser Beschwörung und der Begeisterung, die aus Schlesingers Prosa spricht, in den Krisen der Kennedy-Jahre auch eine Art unbewußte Wunscherfüllung oder sich selbst erfüllende Prophezeiung zu sehen. Außerdem sicherte die Politik der außenpolitischen Krise und der Konfrontation der Kennedy-Administration innenpolitischen Rückhalt. Nimmt man Kennedys Popularität im Januar 1961 entsprechend dem Wahlergebnis mit knapp 50 Prozent an, so steigerte sie sich nach dem Fiasko in der Schweinebucht im April 1961 auf 83 Prozent, erreichte nach der Kubakrise sogar 84 Prozent und stürzte erst im Sommer 1963 auf 53 Prozent, vor der Reise nach Dallas sogar auf 47 Prozent, als die Rassenunruhen in den Südstaaten und Martin Luther Kings Marsch auf Washington den Präsidenten zwangen, sich endlich den noch unerledigten Problemen der amerikanischen Gesellschaft zuzuwenden. Die Zahlen zeigen, daß Kennedy durch die Instrumentalisierung der außenpolitischen Krise, um seine Popularität zu sichern, auch Gefangener einer Politik der permanenten Krise geworden war.

Über allem hing das Damoklesschwert der atomaren Vernichtung. Im Wahlkampf hatte Kennedy ständig vor einer «Raketenlücke» gewarnt, einer massiven Überlegenheit der UdSSR, die «den Sowjets eine Abkürzung auf dem Weg zur Weltherrschaft ermöglichen» könne. Um diese Lücke zu schließen, forderte er ein gewaltiges Aufrüstungsprogramm. Die Raketenlücke erwies sich zwar als Fiktion, die nukleare Aufrüstung aber blieb Wirklichkeit. Im Mai 1961 forderte Kennedy den Kongreß und das Volk auf, Atombunker zu bauen, um «Millionen gegen die Gefahren radioaktiven Nie-

Jacqueline als Botschafterin des guten Willens mit Nikita Chruschtschow 1961 in Wien – Kennedy hatte erkannt, daß Jacquelines Charme auch außenpolitisch wirksam war. Aber Jacquelines persönliche Erfolge konnten nicht darüber hinwegtäuschen, daß Kennedy an allen diesen diplomatischen Fronten Niederlagen erlitt: Chruschtschow gewann den Eindruck, der junge Präsident sei ein politisches Leichtgewicht, und wurde zum Bau der Berliner Mauer und zum verhängnisvollen Abenteuer der Stationierung sowjetischer Mittelstreckenraketen auf Kuba ermuntert; Frankreich löste sich zunehmend aus dem NATO-Bündnis; Indien driftete langsam in den sowjetischen Einflußbereich; viele Exilkubaner fühlten sich von der Regierung im Stich gelassen. Manche Verschwörungstheoretiker sehen Exilkubaner und CIA-Agenten als Drahtzieher des Mordanschlags vom 22. November 1963.

derschlags zu schützen». Bereits im August konnte die Zeitschrift *Time* melden, daß sich «zwölf Millionen amerikanische Familien auf den Atomangriff vorbereitet» hätten, und im September veröffentlichte *Life* eine vom Präsidenten persönlich empfohlene Titelgeschichte mit der Überschrift: «Wie Sie den radioaktiven Niederschlag überleben können. 97 von 100 können gerettet werden.» Zwei Männer, so der Artikel, könnten in nur vier Stunden einen ausreichenden Schutzraum aus vorgefertigten Einzelteilen zusammenbauen. Im Bild war eine glückliche Familie in ihrem Bunker zu sehen; am Telefon hing ein lachendes Mädchen. Aber mit wem sprach sie? Die ersten Jahre des neuen Jahrzehnts waren eine Zeit, in der ernsthaft darüber diskutiert wurde, ob man seinen Schutzraum notfalls mit der Waffe in der Hand gegen seine Nachbarn verteidigen dürfte. Nach der Kuba-Krise erzählte der Präsident bei einem Abendessen im Weißen Haus Ben und Tony Bradlee mit einem Lächeln, sie hätten «es leider nicht geschafft», auf die Liste der beim Atomangriff zu Evakuierenden zu kommen. Zu den einschneidenden Kindheitserlebnissen aus dieser Zeit gehörten wöchentliche «Atomschutzübungen» in der Schule, bei denen die Jungen und Mädchen in ihrem Schutzraum niederknien mußten, die Hände zum Schutz gegen die erwartete Druckwelle hinter dem Kopf verschränkt. Der Wahnsinn hatte Methode. In der vom Weißen Haus ausgehenden Atmosphäre der «permanenten Krise» sollten sich die Amerikaner daran gewöhnen, das Undenkbare zu denken. Bob Dylan sang 1962: *Vom Krieg wird geredet, die Vergangenheit beschworen / Und das Leben habe jeden Sinn verloren / Und manche beschwören schon das nahende Verderben / Statt leben zu lernen, lernen sie sterben / Ich will aufrecht sterben / Bevor ich unter der Erde verschwinde.*

Die Politik der Krisen erreichte ihren Kulminationspunkt, als im Oktober 1962 sowjetische Mittelstreckenraketen auf Kuba entdeckt wurden und Kennedy eine Blockade über die Insel verhängte. 13 Tage lang schwebte die Welt am Abgrund

John F. Kennedy mit Bürgermeister Willy Brandt am Brandenburger Tor, 26. 6. 1963. Die kommunistischen Machthaber der DDR verhängten das Bauwerk mit Fahnen, um jeden Kontakt Kennedys mit der Bevölkerung im Ostteil Berlins zu unterbinden. Sowohl in der Bevölkerung als auch im Senat von Berlin West war man darüber verärgert, daß Kennedy erst zwei Jahre nach dem Mauerbau die Stadt besuchte, doch sein Aufenthalt wurde zum persönlichen Triumph. Kennedy sah im Bau der Mauer einen defensiven Akt, der einen potentiellen Spannungsherd in Europa entschärfte. Aus der Erkenntnis, daß die USA wegen Raketen auf Kuba einen Weltkrieg riskieren würden, wegen der Einheit Berlins aber nicht, erwuchs bei Politikern wie Willy Brandt und Egon Bahr das Konzept einer eigenständigen «neuen Ostpolitik».

eines Weltkriegs, bis Chruschtschow schließlich nachgab und seine Raketen abzog. Später sollten viele Fragen laut werden: Gewiß, die Installation der Raketen war eine abenteuerliche Provokation; aber hätten sie wirklich das Gleichgewicht des Terrors entschieden verändert? War es verantwortlich, angesichts der herannahenden sowjetischen Schiffe und U-Boote eine Blockade zu verhängen und damit die Entscheidung über Krieg und Frieden dem polternden Kreml-Chef zu überlassen? «Wenn Chruschtschow meine Nase in den Dreck reiben will, ist alles aus», erzählte Kennedy dem Journalisten Fletcher Knebel. Durfte der Konflikt so personalisiert werden? Und nun sollte Chruschtschow die Demütigung schlucken. War es verantwortlich, das Schicksal der Welt davon abhängig zu machen, ob Chruschtschow dies hinnehmen konnte? Damals aber gingen solche Zweifel und Fragen in der ungeheuren Welle der Erleichterung und Begeisterung unter, und Kennedy erschien als Retter der freien Welt – als Held. Es war der Augenblick seines höchsten und köstlichsten Triumphs.

In seinen Notizen zu *Melbourne* hatte Kennedy seine Kritik an der amerikanischen Geschichte in dem Gedanken zusammengefaßt, sie sei «außer an der *Frontier* nicht glanzvoll» gewesen. Die *Frontier* – die Pioniergrenze oder, anders ausgedrückt, der Wilde Westen – beherrschte in dem Vierteljahrhundert seit dem Ende des Zweiten Weltkriegs die Phantasie Amerikas: Es war die große Zeit des Hollywood-Westerns, der mit dem 3D-Cinerama-Epos «Das war der wilde Westen» 1962 seinen Höhepunkt erreichte. Als Sohn des Hollywood-Finanziers Joe Kennedy wußte Kennedy um diese Faszination und erlag ihr auch selbst. Bradlee berichtet von einem Filmabend im Weißen Haus, als «Jackie die Liste der verfügbaren Filme vorlas und der Präsident den Film aussuchte, gegen den wir alle einstimmig votiert hatten, einen brutalen, sadistischen kleinen Western mit dem Titel *Einsam sind die Tapferen*». Dem amerikanischen Volk versprach Kennedy eine *New Frontier*, einen Raum für Heldentaten, Glanz und Ruhm, der alle Gebiete umfassen sollte, auf denen «der Kampf auf Leben und Tod mit dem mächtigen Feind» tobte, vom Weltraum bis zu den «Hütten und Dörfern auf dem halben Erdball». Dazu gehörte auch, daß die USA in der Lage sein müßten, «in jeden begrenzten Krieg überall in der Welt effektiv und schnell einzugreifen»; und so wurde der neue Wilde Westen sehr bald im Bewußtsein der Öffentlichkeit mit Indochina assoziiert. Bereits 1962 charakterisierte die Zeitschrift *Saturday Evening Post* Kennedys Konzept der Wehrdörfer in Vietnam als «die alte Idee der Forts, die unsere Vorfahren gegen die Indianer anwendeten», und ein Admiral hängte in seinem Hauptquartier in Honolulu folgendes Plakat auf: «Indianerkämpfe 1759, Antiguerillakrieg 1962».

Die letzte Rede seines Lebens hielt Kennedy im *Texas Hotel* in Fort Worth, einem ehemaligen Wehrdorf der weißen Pioniere gegen die Angriffe der Indianer. «In den letzten drei Jahren haben wir den Verteidigungshaushalt der Vereinigten Staaten um über zwanzig Prozent erhöht, das Beschaffungsprogramm für Polaris-Unterseeboote von vierundzwanzig auf einundvierzig, unser Beschaffungsprogramm für Minuteman-Raketen um über fünfundsiebzig Prozent; die Anzahl der einsatzbereiten strategischen Bomber und Raketen ebenso wie die Anzahl der einsatzbereiten strategischen Atomwaffen verdoppelt; die in Westeuropa eingesetzten taktischen Atomstreitkräfte um sechzig Prozent erhöht; die Armee der Vereinigten Staaten um fünf Kampfdivisionen verstärkt und der Luftwaffe der Vereinigten Staaten fünf taktische Jagdgeschwader hinzugefügt; unsere strategische Luftbrückenkapazität um fünfundsiebzig Prozent aufgestockt und unsere besonderen Antiguerillaeinheiten, die jetzt in Südvietnam im Einsatz sind, um sechshundert Prozent verstärkt.» Es war eine stolze Aufzählung. Aber die Nation sollte sich auch jetzt nicht in einem Gefühl der Sicherheit wiegen. «Das verlangt Opfer vom Volk der Vereinigten

Staaten. Aber unsere Welt ist sehr gefährlich und unsicher. Wie ich vorhin sagte: Dreimal in den vergangenen drei Jahren hat es eine direkte Konfrontation gegeben. Niemand weiß, wann die nächste sein wird. Niemand erwartet, daß unser Leben leicht sein wird, jedenfalls nicht in diesem Jahrzehnt und wahrscheinlich nicht in diesem Jahrhundert. Ich glaube nicht, daß wir müde geworden sind. Wir würden gern wie früher leben. Aber die Geschichte läßt es nicht zu.» Hier, im ehemaligen Wilden Westen, wurden die entscheidenden Themen seines Lebens und seiner Präsidentschaft noch einmal zusammengefaßt: Gefahr, Krise, Kampf, Opferbereitschaft. Dreieinhalb Stunden später war er tot.

Ein amerikanisches Versailles

Die Dinge, die man ihr früher vorgehalten hatte – ihre unkonventionelle Schönheit, ihre unamerikanische Eleganz, ihren Geschmack für französische Kleidung und französische Küche –, wurden plötzlich zu Tugenden. Sie repräsentierte auf einmal nicht die Negation ihres Landes, sondern seine mögliche Vollendung, eine Andeutung davon, daß Amerika nicht ewig im bürgerlichen Ideal gefangen bleiben würde, einen Traum von Zivilisation und Schönheit.

Arthur Schlesinger

Sorgen Sie dafür, daß niemand genau das gleiche Kleid trägt wie ich. Meine sollen alle Originale sein. Ich will keine fetten Frauchen sehen, die in meinem Abendkleid herumhopsen.

Jacqueline Kennedy in einem Brief an ihren Modeberater Oleg Cassini

Als am 13. Oktober 1792 die Freimaurer in feierlicher Zeremonie den Grundstein für das Weiße Haus legten, hatte der Funke der amerikanischen Revolution im alten Europa bereits einen Steppenbrand entfacht. Am 21. September 1792 hatte der Konvent in Frankreich die Republik ausgerufen; Ludwig XVI. und Marie Antoinette waren vom aufgebrachten Volk aus Versailles nach Paris geschleppt worden und warteten in den Tuilerien auf ihren Prozeß; und Goethe hatte nach der Niederlage der Interventionsarmeen festgestellt: «Von hier und heute geht eine neue Epoche der Weltgeschichte aus.»

Der von dem Iren James Hoban entworfene Sitz des amerikanischen Präsidenten ist Ausdruck dieser neuen Epoche – klein im Verhältnis zu den Palästen Europas – fünfmal kleiner als der von George Washington ursprünglich favorisierte Entwurf; modern, schlicht; schmucklos die klassizistische Fassade; fast bürgerlich die Trennung in Repräsentations- und Arbeitsräume im hohen Erdgeschoß, private Räume für die Familie im niedrigeren ersten Geschoß; exzentrisch gelegen – abseits der grünen Zentralachse der *Mall,* die ausgerichtet ist auf die alles beherrschende Kuppel des mächtigen Kongreßgebäudes, in dem der Souverän der neuen Zeit tagt – die Volksvertretung. Die am Reißbrett geplante Hauptstadt Washington D. C. ist der Stein gewordene Ausdruck der Demokratie und ihres Selbstverständnisses – der Unterordnung der Exekutive unter die Legislative; des Bürgers als König und des Königs als Bürger.

Zwischen dem Einzug des ersten Benutzers, des Neuengländers John Adams 1797, und dem Einzug des Neuengländers John F. Kennedy 1961 hatte das Weiße Haus vornehmlich die bürgerliche Funktion eines Wohnhauses und Arbeitsplatzes für bürgerliche Menschen erfüllt. Jacqueline Kennedy hat das ein für allemal geändert. «Es ist wie ein Mittelklassehotel, das aus einem Kaufhaus mit Stücken aus dem Winterschlußverkauf möbliert worden ist!» rief sie nach einer ersten Besichtigung der noch von Dwight und Mamie Eisenhower bewohnten Residenz aus.

Die Kritik war nicht ganz unberechtigt. Kurz nach seinem Einzug hatte Präsident Truman feststellen müssen, daß sein Dienstsitz baufällig war, und das Gebäude war völlig entkernt und innen neu errichtet worden. Viele alte Möbel, Bilder, Spiegel, Leuchten usw., Schönheiten und Scheußlichkeiten, die seine Vorgänger über die Jahrzehnte akkumuliert hatten, waren in Lager- und Kellerräume sowie auf den Dachboden verschwunden, und der knauserige Truman hatte die Neuausstattung einer noch knauserigeren Kommission des Kongresses und einer Inneneinrichtungsfirma überlassen, die das Haus mit «Stilmöbeln» eigener Produktion vollgestellt hatte. Mamie Eisenhower hatte sich darauf beschränkt, das Haus wohnlicher zu gestalten – zum Beispiel durch ein von ihr entworfenes, mit rosa Stoff ausgeschlagenes Doppelbett («damit ich jederzeit meinem Ike den alten Glatzkopf streicheln kann») und einen in die Wand eingelassenen Fernseher.

Jacqueline Kennedy hingegen hatte eine Vision des Weißen Hauses, die der überhöhten Vorstellung der Präsidentschaft entsprach, die sie mit ihrem Mann teilte. «Seit dem Augenblick, als ich wußte, daß Jack die Präsidentschaft anstrebte, war mir klar, daß eines meiner wichtigsten Projekte das Weiße Haus sein würde», erklärte sie. Nicht die vorübergehende Bleibe eines Bürgerkönigs sollte es darstellen, sondern die glänzende Repräsentationsstätte der neuen imperialen Macht und ihres Führers. Das Weiße Haus könne, so Jacquelines Modeberater Oleg Cassini, ein «amerikanisches Versailles» werden; und Jacqueline pflichtete ihm nicht nur bei, sondern meinte, der Sitz des Präsidenten müsse «so großartig sein, daß sich de Gaulle bei einem Vergleich mit Versailles schämen wird».

Die Verwandlung wurde als «Restauration» ausgegeben. «Es wäre ein Sakrileg, das Weiße Haus bloß zu renovieren – ich hasse dieses Wort», erklärte Jacqueline. «Es muß restauriert werden – und das hat nichts mit Dekoration, sondern mit Kunstgeschichte zu tun.» Jacqueline berief eine hochkarätige Kommission von kunstsinnigen und sehr reichen Menschen unter dem Vorsitz des Möbelsammlers und Multimillionärs Henry Francis DuPont ein, die das Projekt beaufsichtigen und wertvolle historische Möbelstücke, Gemälde und andere Einrichtungsgegenstände auftreiben sollte. DuPont schwebte tatsächlich eine authentische Restauration des Hauses im Stil der schlichten Eleganz des frühen 19. Jahrhunderts vor; Jacqueline jedoch beauftragte den französischen Innenausstatter Stephane Boudin, der den *Grand Trianon* in Versailles und das Schloß der Kaiserin Josephine bei Malmaison restauriert hatte. Er schuf einen atemberaubenden Traum in Weiß,

Gelb und Gold, mit Louis-seize- und Empire-Möbelstücken, riesigen Kristallkronleuchtern, weiß und gelb schimmernder, seidener Wandbespannung und dazu passenden seidenen Vorhängen und tiefen Teppichen. Das Ergebnis war ein Palast des Sonnenkönigs am Potomac; «der Höhepunkt des amerikanischen zeremoniellen Stils», wie die *New York Times* 1995 feststellte; die angemessene Bühne für die Inszenierung des neuen Zeitalters der Poesie und der Macht, die mit der Inauguration Kennedys eingeleitet werden sollte.

The pursuit of happiness – eine schillernde Formulierung, die sowohl das Streben nach Glück als auch seinen Genuß bedeuten kann – ist neben Leben und Freiheit ein unveräußerliches Menschenrecht und das eigentliche Geschäft des amerikanischen Menschen, bei dem ihn die Regierung möglichst wenig zu stören hat. So jedenfalls steht es in der von Thomas Jefferson geschriebenen Unabhängigkeitserklärung von 1776. Kennedy hingegen forderte vom amerikanischen Volk *the pursuit of excellence* – das Streben nach herausragenden Leistungen auf allen Gebieten. Dabei betonte er seine eigene Rolle als Vorbild: «Ich glaube, der Präsident kann eine Menge tun, um solche Standards zu setzen.» In künstlerischen Dingen zielte Kennedys persönlicher Geschmack zwar eher auf das Mittelmäßige: von Kunst und Architektur verstand er wenig; er las neben Politiker-Biographien am liebsten Ian Flemings James-Bond-Romane; sah sich vor allem Action- und Westernfilme an; mochte Frank Sinatra und Chubby Checker, Broadway-Musicals, irische Volkslieder sowie Militärmusik; «interessierte sich nicht für die Oper, schlief bei Symphonien ein und langweilte sich beim Ballett», wie Sorensen amüsiert feststellt. Unter dem Einfluß Jacquelines erkannte Kennedy jedoch «die wesentliche Rolle künstlerischer Leistungen» bei der Propagierung seiner Ziele – und, wichtiger noch, die wesentliche Rolle der Künstler, Schriftsteller und Intellektuellen, wenn es darum ging, seine Präsidentschaft im günstigsten Licht erscheinen zu lassen.

Mit den Empfängen und Bällen anläßlich der Inauguration setzten John und vor allem Jacqueline Zeichen für den Stil der neuen Administration. Schönheit und Macht waren keine Gegensätze, sondern ergänzten sich.

Traditionell stehen in demokratischen Ländern Vertreter des Geistes Vertretern der Politik – und zumal der Regierungspolitik – skeptisch gegenüber, wohl wissend, daß die Macht und selbst die Nähe zur Macht korrumpiert. John und Jacqueline Kennedy aber «wünschten, die Welt der Ideen und die Welt der Macht in einer Allianz zusammenzubringen», wie Arthur Schlesinger schrieb – ein Bündnis, das sie selbst in ihrer Ehe zu repräsentieren schienen; und im funkelnden Palast, den Jacqueline geschaffen hatte, wurde dieses für die «Welt der Ideen» nicht ungefährliche Bündnis zelebriert. So wurden nicht nur Staatsoberhäupter und Politiker empfangen und bewirtet, sondern auch Amerikas Nobelpreisträger und außerdem solche Ikonen der Kultur wie André Malraux, Arthur Miller, Tennessee Williams, Leonard Bernstein und Igor Strawinsky. Das Weiße Haus wurde «zu einer Art Stammkneipe für Künstler», witzelte Kennedy. Es gab Konzerte, bei denen Größen wie Bernstein, Strawinsky, Isaac Stern und Pablo Casals für das Präsidentenpaar und seine Gäste spielten; einen Ballettabend, bei dem Rudolf Nurejew und Margot Fonteyn tanzten. Thornton Wilder, Robert Frost und andere lasen dem Kabinett vor; Ralph Richardson deklamierte Shakespeare für den Staatschef des Sudan, einen Bewunderer des Dichters.

«Ich blicke in die Zukunft und sehe ein Amerika, das künstlerische Leistungen genauso belohnt wie Leistungen im Geschäftsleben oder in der Staatskunst», sagte Kennedy; und niemand stellte die unbequeme Frage, warum die Millionärsfamilie Kennedy keinen Cent für moderne Kunst ausgab, sondern selbst die Familienquartiere im Weißen Haus durch Museumsleihgaben schmücken ließ. Die noch vor kurzem von McCarthy als Feinde verfemten, nun vom ehemaligen Mitstreiter McCarthys plötzlich umworbenen Künstler und Schriftsteller reagierten dankbar und überschwenglich: «Was für eine Freude, wenn literarische Bildung nicht von vornherein als Beweis für Verrat gilt», schrieb John Steinbeck noch halbwegs gemäßigt. Ernest Hemingway schwärmte mit peinlicher Atemlosigkeit nach der Inauguration von «der Hoffnung und dem Stolz und wie schön wir Mrs. Kennedy fanden» und wollte «jeden Tag versuchen, meinen Glauben zu erneuern und die praktischen Schwierigkeiten des Regierens ... zu verstehen und den wahren Mut zu bewundern, mit dem [Kennedy] sie angeht». Der Dichter und Kinderbuchautor E. B. White versprach, «wo immer es möglich ist, meinen kleinen Atemhauch beizusteuern», um die «geliebte Flamme» am Brennen zu halten.

Nur wenige Undankbare erhoben eine nörgelnde Stimme – Norman Mailer etwa, der sich erst dann bereit erklärte, Jacqueline «sein Schwert zu geben», wenn Henry Miller so oft ins Weiße Haus eingeladen würde wie der Hofdichter Robert Frost, und der beklagte, die «wenigen, die hohes Talent ahnen lassen» – Autoren wie Allen Ginsberg, William Burroughs oder er selbst – würden «instinktiv ausgeschlossen»; oder die Mitarbeiter von fünf New Yorker Literaturzeitschriften, die nach der versuchten Invasion Kubas einsam vor dem Weißen Haus demonstrierten, unter ihnen eine Dichterin mit einem Plakat, auf dem zu lesen war: JACQUELINE, VOUS AVEZ PERDU VOS ARTISTES.

Jacqueline hatte aber keineswegs ihre Künstler verloren. Gegen die Abenteuer in Kuba und Vietnam, die militärische und moralische Aufrüstung des Landes protestierte nur eine winzige Minderheit – obskure Literaten, Folksänger und *Beatniks* aus New York, radikale Studenten in Berkeley. Das Gros der intellektuellen Elite des Landes ließ sich vom Charme des Präsidentenehepaars, vom Glanz der «einzigen amerikanischen Administration, die sich mit einem königlichen Hof vergleichen ließe» (so Arthur Miller), vom Zauber des neuen Weißen Hauses und dem ungewohnten Gefühl eigener Wichtigkeit gefangennehmen. Selbst der kritische Norman Mailer klagte nach dem Attentat von Dallas: «[Kennedys Präsidentschaft] war trotz alledem nicht ohne eine Andeutung von

Größe ..., denn es war eine Zeit, in der Schriftsteller im ganzen Land in einen intimen Dialog mit ihrem Führer treten konnten.» (Das Wort «denn» muß man sich auf der Zunge zergehen lassen, um den bitteren Geschmack intellektueller Selbstüberschätzung auszukosten.) Andere Menschen betrachteten bereits die verbesserte Gastronomie als Beleg einer neuen, besseren Zeit. Der Unterschied zum Weißen Haus unter Eisenhower «war wie der zwischen Tag und Nacht», erinnerte sich Leonard Bernstein. Bei Eisenhower «war das Essen gewöhnlich, der Wein schlecht, und man durfte nicht rauchen ...». Alles «war sehr steif und nicht sehr angenehm». Bei den Kennedys hingegen «bekam man vorweg sehr gute Drinks serviert, und es gab überall Aschenbecher, die einen förmlich dazu einluden, sich mit Zigaretten zu vergiften». Statt wie bei Eisenhower an einem riesigen, hufeisenförmigen Tisch zu sitzen, an dem eine Unterhaltung fast unmöglich war, saßen die Gäste jetzt an vielen kleinen Tischen. «Das Essen ist hervorragend, die Weine ausgezeichnet, die Menschen lachen, *lachen laut*, erzählen Geschichten, Witze, fühlen sich gut ... Es war eine andere Welt ... ein anderer Planet ...»

Ein etwas kritischeres Auge hatte der Dramatiker Arthur Miller, was vielleicht daran lag, daß Kennedy ein Verhältnis mit seiner Frau Marilyn Monroe hatte. Miller nahm an dem Diner zu Ehren des Schriftstellers André Malraux teil, damals Kultusminister de Gaulles, den Jacqueline mit ihrem amerikanischen Versailles ja beschämen wollte. «Einige der besten Künstler, Schriftsteller, Wissenschaftler, Komponisten und Musiker des Landes» seien eingeladen worden, schreibt Miller ohne falsche Bescheidenheit – «eine stolze Präsentation der amerikanischen Intelligenz», die sich im Blauen Salon versammelte (den Jacqueline und Bourdin zum Entsetzen DuPonts und Kennedys hatten weiß streichen lassen). «Marinesoldaten in blauen Galauniformen sorgten geschickt dafür, daß die fröhliche Menge sich zu einer langen Schlange formierte, als wären wir Schulkinder. Dann geleiteten sie uns zum Speisesaal, wo wir an den uns zugewiesenen Tischen Platz nehmen sollten.» Obwohl Miller die «hart glänzenden Augen» Kennedys «mechanisiert und ein wenig beängstigend» fand und sich etwas bang fragte, ob der Präsident «neben seiner schnellen Auffassungsgabe auch Mitgefühl besaß», war er von Kennedy beeindruckt: «Endlich ein Präsident, der begriff, daß das Land nicht nur seine Stars aus dem Showgeschäft brauchte» – lag darin bittere Ironie? – «sondern auch seine Köpfe mit Phantasie.» Und wie alle anderen Gäste wurde er von Kennedys «Freude und Glück über die Gesellschaft, die er an diesem Abend um sich versammelt hatte», mitgerissen. Und darum ging es auch: John und Jacqueline Kennedy riefen, und alle kamen; so schmückte sich das königliche Paar mit Vertretern der kulturellen Elite, die den Glanz ihres Hofs noch erhöhten und die sich ihrerseits in diesem Glanz sonnten. Über Jahrzehnte hinweg sollten sie diesem verlorenen Paradies nachtrauern.

Dies um so mehr, als der Nachfolger Kennedys im Weißen Haus ein entschieden prosaischer Mensch war. Miller liefert eine schöne Vignette von Johnson, den er zuerst nicht erkannte: Während sich die Schlange langsam vorwärts bewegte, «sah ich, daß ein Mann allein draußen zurückblieb. Dieser Riese trug ein hellblaues Rüschenhemd und zeigte beinahe demonstrativ seine Geringschätzung für den Anlaß, indem er mit angewinkeltem Knie einen Fuß gegen die makellose Täfelung stemmte und sich ungeniert und gewissenhaft mit einer Feile die Fingernägel säuberte.» Miller tat der Vizepräsident leid, «der an diesem Abend eindeutig nicht in seinem Element» war.

Für Jacqueline jedoch bedeuteten solche Abende die Erfüllung ihres Traums. Wenn sie im silbernen oder weißen knöchellangen Abendkleid die Komplimente der Künstler empfing, war sie zugleich Zirkuskönigin und «künstlerische Leiterin des 20. Jahrhunderts» – «Königin der Künstler … unsere Muse», wie es Mailer ausdrückte. Für einen Dichter wie Robert Frost eröffnete die Anerkennung durch die neue Administration «eine ganz neue Welt. Präsident Kennedy gab mir einen Status, den vorher niemand hatte. Die Leute sprechen mich in Restaurants an ... und bitten um ein Autogramm.» Wie sich im 18. Jahrhundert Geschmack und Mode nach dem Hof der absolutistischen Fürsten gerichtet hatten, so richteten sie sich jetzt nach dem Weißen Haus. John Kennedys Weigerung, Hüte zu tragen, bedeutete buchstäblich das Ende der amerikanischen Filzhutindustrie. Und Jacquelines weit auseinanderliegende, große Augen und leicht aufgeworfener Mund, ihr dezentes Make-up, ihre toupierten Haare, ihre von Paris inspirierten Kleider und Mäntel – selbst die rein zufällige Delle in ihrem Pillenschachtelhut bei der Inauguration – wurden von Modemachern, Visagisten und Friseuren, von Millionen Frauen und Mädchen in der ganzen Welt kopiert.

«Heute dürfen wir nicht mehr an Märchen glauben», schrieb Sarah Crichton in einem Nachruf auf Jacqueline 1994. «Aber als wir uns in Jackie verliebten, war es eine einfachere Zeit. Als wir alle Prinzessinnen werden wollten, war sie unsere Prinzessin ...» Heute klingt das vielleicht wie ein rückwärts gewandter Traum. Aber für viele Frauen war Jacqueline Kennedy der Beweis dafür, daß es auch für eine verheiratete Frau mehr im Leben geben müsse als Kinder, Kirche und Küche. Nicht nur Mittelklassemädchen in weißen Vororten mit Träumen vom sozialen Aufstieg sahen in Jacqueline ein Vorbild. Der schwarze Blues-Schriftsteller Stanley Crouch schreibt: «Die in der Küche meiner Mutter versammelten Hausangestellten bewunderten ihre vornehme Haltung und ihre Kleidung. Davon verstanden sie etwas, denn sie arbeiteten in den Häusern äußerst reicher, wenn auch nicht ganz berühmter Leute ... Aufgrund dieser Erfahrung waren sie hochqualifizierte Kritiker derjenigen privilegierten Amerikaner, die gern Aristokraten gewesen wären, die aber meistens ... *nur* Geld hatten – keine Anmut, keine

Manieren, keinen Geschmack ...» Und als Jacqueline im Frühjahr 1962 ohne ihren Mann einen Staatsbesuch in Indien absolvierte, wurde sie zwar von der amerikanischen Presse dafür kritisiert, daß sie mit 64 Gepäckstücken, einer Zofe und einem eigenen Friseur reiste und sich vor allem mit Vertretern der indischen Oberschicht wie dem fabelhaft reichen Maharadscha von Dschaipur abgab – der Begeisterung der indischen Massen tat das jedoch keinen Abbruch. Wo sie auch hinkam, standen Zehntausende am Straßenrand und riefen *Jackie Ki Dschai! Ameriki Rani!* – Heil Jackie! Königin Amerikas!

Wie sein französisches Vorbild war das Versailles am Potomac nicht nur ein Kulturpalast, in dem *the pursuit of excellence* propagiert wurde, sondern auch ein Vergnügungspalast, in dem *the pursuit of happiness* nicht weniger ernst genommen wurde. Schlesinger erinnert sich im elegischen Tonfall an eine der ersten von Jacqueline organisierten Partys, bei der 80 Gäste bis zum Morgengrauen tanzten: «Noch nie zuvor, so schien es, waren die Mädchen so schön, die Musik so melodiös, der ganze Abend so sorglos und ungezwungen gewesen.» Und es gab auch Abende, an denen sich Lyndon Johnson offensichtlich wohler fühlte als in der Gesellschaft von Literaten. Ben Bradlee beschreibt ein Fest mit «schönen Menschen aus New York, Jetsettern aus Europa, Politikern, befreundeten Journalisten (immer Journalisten) und Verwandten der Kennedys. Die Gäste sind immer jung, die Frauen sind immer hinreißend, und man muß sich kneifen, um sich zu vergegenwärtigen, daß man sich im Grünen Salon des Weißen Hauses befindet und daß der Typ, der eben auf der Tanzfläche hinfiel ..., Vizepräsident der Vereinigten Staaten ist.»

Der Twist war der Modetanz der Kennedy-Jahre. Bradlee beschreibt einen intimeren Tanzabend im Familienquartier, als Jacqueline nicht in Washington war und ihre Schwester Lee den anwesenden drei Männern – Bradlee, Kennedy und

Bill Walton – Twist-Unterricht gab. «Der Champagner floß wie der Potomac bei Hochwasser, und der Präsident öffnete eine Flasche nach der anderen, verspritzte den Schaum über die Möbel und rief immer wieder: ‹Los, Bill, los!› oder ‹Los, Benjy, los!› ...»

Das Bild des betrunkenen, twistenden Präsidenten hat etwas Rührendes, fast Schmerzliches. Man spürt etwas von dem Druck, den er in solchen Augenblicken loszuwerden versuchte; nicht nur die Bürde des Amtes, sondern die Last der ständigen Schauspielerei. Denn er spielte ständig mehrere Rollen, in der Öffentlichkeit und auch privat. Männer wie Sorensen oder Schlesinger, die sich für Vertraute des Präsidenten hielten, bekamen einen völlig anderen Menschen zu sehen als Smathers, Lawford und Sinatra. In seinem Tagebuch spricht Bradlee von «einer fundamentalen Dichotomie in Kennedys Charakter: zur Hälfte der irische Politiker, hart, derb, ordinär, sentimental; zur Hälfte der geistreiche, anmutige, intellektuelle *Playboy of the Western World*»; aber es war noch komplizierter als das; denn im Grunde genommen bekamen jede Frau und jeder Mann einen anderen John Kennedy zu sehen, sah jeder Mensch in ihm das, was er sehen wollte.

«Wir mögen es nicht, wenn unsere Symbole Fehler machen», schrieb Kenneth Crawford kurz nach der Schweinebucht in der Zeitschrift *Newsweek* unter der Überschrift *Ein amerikanisches Königshaus*; «also nehmen wir es nicht zur Kenntnis, wenn sie es doch tun. Diese attraktiven Kennedys ... sind uns sympathisch. Wir wollen, daß sie alles das sein sollen, was sie zu sein scheinen.» Man denkt an den von Jacqueline bewunderten Oscar Wilde, der alle Kunst als «Oberfläche und Symbol» definierte und feststellte: «Die Kunst spiegelt den Zuschauer, nicht das Leben wider.» In diesem Sinn waren John und Jacqueline Kennedy ganz Oberfläche und Symbol, vollkommene Kunstwerke.

Die Traumfamilie

[Der Artikel ‹Ein Tag im Leben des Präsidenten›] ist voller drittklassiger Klischees ... Ich werde so dargestellt, als ob ich ständig auf den Präsidenten zulaufe, mit ihm Händchen halte und sage: Endlich nur wir beide allein.

Jacqueline Kennedy in einem Brief an J. B. West, Verwaltungsleiter des Weißen Hauses, November 1963

Die Jahre im Weißen Haus waren die besten Jahre ihrer Ehe – das Adjektiv «glücklich» will nicht recht zu einer Beziehung passen, die in erster Linie nicht der *pursuit of happiness*, sondern der *pursuit of power* gewidmet war. Sie hatten ihre ehrgeizigen Ziele erreicht, und die Welt lag ihnen buchstäblich zu Füßen; andererseits fiel noch nicht der Schatten der Zeit nach dem Weißen Haus auf ihre Existenz – einer Zeit, wie Kennedy selbstironisch feststellte, in der er wieder, wie bei seiner Eheschließung, gleichzeitig «zu alt und zu jung» sein würde: «zu alt, um eine neue Karriere anzufangen, und zu jung, meine Memoiren zu schreiben». Einstweilen war das Weiße Haus eine Bühne, auf der sie die Rolle ihres Lebens zu spielen hatten – die Rolle eines nicht nur glücklichen, sondern vorbildlichen jungen amerikanischen Ehepaars.

Daß ihnen dieses Schauspiel so überzeugend gelang, war nicht zuletzt der veränderten Rolle Jacquelines zu verdanken, ihrem gewachsenen Selbstvertrauen als Herrin des

Weißen Hauses und Lieblingsobjekt der Fotografen. «[Kennedy] hat sich jetzt angewöhnt, sie ‹das Sexsymbol› zu nennen. Er findet sie erst interessant, seit er gemerkt hat, daß die Welt auf sie reagiert», vermerkte Gore Vidal im September 1961. Vidal hielt auch eine Bemerkung Bill Waltons fest: «Früher war er in aller Öffentlichkeit gemein zu ihr, aber jetzt ist es umgekehrt: Sie stichelt zu sehr gegen ihn. Es kommt vor, daß ich ihr sage: Mal langsam, so was kannst du ihm doch nicht sagen. Schließlich ist er der Präsident …»

Waltons Bemerkung suggeriert eine lieblose, durch ständige gegenseitige Sticheleien gekennzeichnete Ehe; und sein Zeugnis ist wichtig, denn er war als Kunstberater und Freund beider Eheleute häufiger Gast im Weißen Haus. Und doch gab es Elemente und Augenblicke der Harmonie. Das Ehepaar hatte zwar, anders als Mamie und Ike, getrennte Betten und Schlafzimmer; aber es gab einen Verbindungsgang, und das Personal hatte strikte Anweisungen, während der Mittagsruhe, wenn sich der Präsident und die *First Lady* zurückzogen, auf keinen Fall die privaten Räume im ersten Stock zu betreten. Im Weißen Haus wurde ein weiteres Kind gezeugt.

Patrick Bouvier Kennedy kam jedoch fünf Wochen zu früh zur Welt und starb wenige Tage nach seiner Geburt am 7. August 1963 – das dritte Kind Jacquelines, das gestorben war, und das letzte, das sie empfangen sollte. Der Tod dieses Kindes brachte das Ehepaar kurzfristig einander näher. «Sie hielt sich an ihm fest, und er umarmte sie», erinnerte sich Walton. «Das hatte man sonst nie bei ihnen beobachtet …»

Der Sommer des Jahres 1963 war zugleich der Sommer der Rassenunruhen in den Südstaaten und des von Martin Luther King angeführten Marsches auf Washington. Der innenpolitische Konsens, auf dem Kennedys Präsidentschaft aufgebaut war, die Einheit der Nation im Kampf gegen den Kommunismus, begann zu bröckeln. Gleichzeitig eskalierte der Krieg in Vietnam. Wahrscheinlich war Kennedy politisch noch nie so verletzlich. Auch das mag ihn bewogen haben, sich Jacquelines Loyalität in diesen letzten Monaten seines Lebens zu versichern. Sie hatte ihn ja nach der Rückenoperation ins Leben zurückgebracht. Und nach der gescheiterten Invasion Kubas war Jacqueline der einzige Mensch gewesen, der das ganze Ausmaß seiner Verzweiflung, seine Tränen sehen durfte. (Die Reaktion seines Vaters auf einen Hilferuf des Sohns war die ungeduldige Bemerkung: «Herrgott, hör auf zu jammern. Wenn du das nicht wegstecken kannst, überlaß den Job doch Lyndon!»)

Jacqueline verstand es, für Kennedy interessant zu bleiben; nicht auf Gebieten mit ihm zu konkurrieren oder zusammenarbeiten zu wollen, wo sie unterlegen war, sondern ihre eigenen Stärken und Interessen zu entwickeln. «Jack kann sich darauf verlassen, daß sie ihn nicht mit der Frage empfangen wird: ‹Was gibt's Neues in Laos?›» erklärte Robert Kennedy. Sie konnte ihn überraschen, ihm mit ihrem Geschmack, ihrer Bildung und ihren Fremdsprachenkenntnissen imponieren. (Kennedy sprach nur Englisch und brauchte, wie Bradlee berichtet, eine gute Stunde, um den Satz *Ich bin ein Berliner* zu meistern.) Gleichzeitig wahrte sie ihre Distanz, verbrachte viel Zeit auf dem Landsitz des Ehepaars in Virginia, wo sie ihre Pferde hielt, oder auf Reisen in Europa.

Gelegentlich gab es – auch vor Freunden – Streit, vor allem über Geld; zum Beispiel an dem Abend im November 1962, als Jacqueline zum ersten Mal erfuhr, daß der Präsident sein Salär von jährlich $ 100000 für Wohltätigkeitszwecke spendete. «Davon könnte ich etwas gebrauchen», schmollte sie, woraufhin Kennedy erzürnt eine Abrechnung aus der Tasche zog, in der unter ihrem Namen der lapidare Posten «Warenhäuser: $ 40000» vermerkt war; eine Summe, mit der man damals ein kleines Landhaus kaufen und die sich Jacqueline nicht erklären konnte: «Kein Nerzmantel, gar nichts.» War Kennedy ein *compulsive womanizer*, so war –

und blieb – sie ein *compulsive shopper*. Solcher Streit war jedoch im Grunde genommen ein Spiel, denn Kennedy hatte erheblich weniger Sinn für den Wert des Geldes als seine Frau. Sein Leben lang schickte er alle Rechnungen zur Erledigung an das Büro seines Vaters.

Kurz vor dem Einzug ins Weiße Haus war John Junior geboren worden. Caroline und John konnten sich der Liebe ihrer Eltern gewiß sein. Dem aristokratischen englischen Vorbild und den Gepflogenheiten ihrer eigenen Klasse gemäß sollten die Kinder allerdings sowenig wie möglich im Wege sein: *Children should be seen and not heard*. Gesehen werden sollten sie aber von der ganzen Nation. Wie sein Vorbild, der sprichwörtlich kinderfreundliche «Teddy» Roosevelt, nach dem der Teddybär benannt wurde und dessen lebhafte Tochter Alice am Anfang des Jahrhunderts der Liebling aller Journalisten war, erkannte Kennedy den ungeheuren Wert von Kindern für das öffentliche Bild des Präsidenten als Vater der Nation – eine Rolle, die er wegen seiner Jugend und seiner Playboy-Allüren nicht ohne weiteres füllen konnte. Und so mußten auch die Kinder in den Dienst der Imagepflege gestellt werden.

John und Jacqueline Kennedy präsentierten sich als Exemplare des neuen, liberalen und verständnisvollen Elterntyps, wie er in den Büchern des Kinderarztes Dr. Benjamin Spock den Amerikanern der Nachkriegszeit als Vorbild propagiert wurde. Kinder sollten – in Maßen – toben, tollen und schreien dürfen, lehrte Dr. Spock; sie hätten Anspruch auf eine unbesorgte und umsorgte Kindheit; auf die Nähe von Mutter und Vater, auf ein intaktes Familienleben. Illustrierte in aller Welt brachten Bilder von Caroline, die an den echten Perlen ihrer elegant gekleideten und perfekt geschminkten Mutter knabberte, oder von «John-John», der im großen Schreibtisch seines Vaters im *Oval Office* bei Kabinettssitzungen Versteck spielte. Wenn die Presse in seinem Büro anwesend war, liebte es Kennedy, in die Hände zu klatschen,

Bilder wie dieses vermittelten das Image der Kennedys: Jugend, zwanglose Harmonie, lässige Eleganz. Selbst in diesem intimen Familien-Augenblick mit Tochter Caroline sind die strahlenden Eltern schön wie Hollywoodstars, gut angezogen wie englische Aristokraten.

woraufhin die Tür aufflog und John und Caroline in seine Arme sprangen. Nach einem kurzen Fototermin wurden sie wieder vom englischen Kindermädchen Maude Shaw abgeholt – die nicht fotografiert werden durfte. Miss Shaw oblagen alle weniger erfreulichen Seiten der Kinderarbeit – das Füttern, Wickeln, nächtliche Aufstehen und so weiter. Sie war es auch, die den Kindern die Nachricht vom Tod ihres Vaters überbringen mußte.

Es ist oft behauptet worden, Jacqueline habe versucht, ihre Kinder vor der Presse und den Zudringlichkeiten der *Paparazzi* zu schützen, um ihnen ein «normales» Aufwachsen zu ermöglichen – was das bei einer so reichen und ungewöhnlichen Familie wie den Kennedys auch immer heißen mochte. Diese Legende – unterstützt durch gelegentliche Proteste gegen unautorisierte Bilder und Artikel über die Kinder – gehörte jedoch zum Bild einer normal funktionierenden, um den Schutz ihrer Privatsphäre besorgten Familie, das die Kennedys der Welt vermitteln wollten. In Wirklichkeit jedoch hatte Jacqueline nichts gegen den Einsatz ihrer Kinder für Wahlkampf- und Publicity-Zwecke, solange sie die Kontrolle über die veröffentlichten Bilder und Texte behielt.

Kurz vor der Wahl 1960 zum Beispiel wurde ein CBS-Interview mit Kennedy damit eingeleitet, daß Jacqueline dem Reporter Charles Collingwood von ihrer Familie erzählte, worauf folgende Szene gespielt wurde:

Mrs. Kennedy: Möchten Sie [Caroline] sehen?

Mr. Collingwood: O ja, sehr gern. Sind Sie sicher, daß es in Ordnung ist, wenn wir die junge Dame stören?

Mrs. Kennedy: Nun, wir werden sehen, Charles. Drücken Sie die Daumen.

Die junge Dame erzählte dem Publikum von ihrer Puppe, die wie ihre Mutter *einen Hut tragen muß, weil der Wind ihre Haare durcheinanderbläst*, und der entzückte Reporter faßte zusammen:

Mr. Collingwood: Oh, Caroline, du bist ein sehr, sehr hübsches kleines Mädchen, und ich könnte mir denken, Mrs. Kennedy, daß der stolze Vater mächtig Sehnsucht nach ihr hat, wenn er da draußen im Wahlkampf ist.

Mrs. Kennedy: Ich denke, schon. Jetzt gehen wir zu ihm nach unten.

Mr. Collingwood: Oh, das wird eine schöne Überraschung für ihn sein ...

Wenige Wochen später ließ sich auch Hollywoodstar Henry Fonda für den Wahlkampf einspannen; das Fernsehpublikum konnte den Westernhelden bewundern, wie er neben Jacqueline auf dem Sofa saß und im Kennedy-Familienalbum blätterte. Ein Ausschnitt aus dem Dialog:

Mrs. Kennedy: Caroline Bouvier Kennedy im Alter von 18 Monaten.

Mr. Fonda: Ganz formal angezogen!

Mrs. Kennedy: Da wird sie gerade getauft.

Mr. Fonda: Ach! Das ist allerliebst! Der Senator hat alle Hände voll zu tun ... und so devot-dümmlich ging es eine ganze Sendung lang weiter.

Seit mehr als einer Generation hatte es keine kleinen Kinder im Weißen Haus gegeben, während Amerika selbst einen «Baby-Boom» ungekannten Ausmaßes erlebte. Das Land war eine Nation junger Eltern, und diese Nation verliebte sich auf Anhieb in Caroline und John, die nicht nur die fotogene Attraktivität ihrer Eltern geerbt hatten, sondern trotz ihres Reichtums und der herausragenden Stellung ihrer Eltern so natürlich und unverdorben schienen. Die Kennedys waren nicht nur Abkömmlinge einer sagenumwobenen Dynastie, erfolgreich und darum nach dem noch fortwirkenden calvinistischen Vorurteil auserwählt, schön und also nach dem Muster der Hollywood-Moral gut, sondern im wahrsten Sinne des Wortes die *First Family* der USA, um die ein wahrhafter Kult getrieben wurde.

Im Mai 1961 brachte die Zeitschrift *Newsweek*, deren

Washingtoner Büro von Kennedys Freund Ben Bradlee geleitet wurde, sogar eine Titelgeschichte, «Caroline im Weißen Haus», die neben Familienfotos auch Gereimtes enthielt: *Er nennt sie manchmal ‹Buttons› / Sie nennt ihn manchmal ‹Jack› / Sie gibt ihm ein Küßchen am Morgen / Und nimmt es ihm gleich wieder weg. / Manche rennen geschäftig herum, / Aus Jux oder Tollerei / Wissen Sie, warum Caroline rennt? / Ganz einfach – sie ist drei. / Was soll das Gerede von Rezession / Von Raketen, Atomen und so? / Solange Carolines Mutter dort sitzt / Ist die ganze Welt heiter und froh.*

Bewußt kultivierten die Kennedys das Image eines ungezwungenen, informellen Familienlebens. Nicht nur ihr öffentliches Leben im Scheinwerferlicht schien den amerikanischen Traum von Geld und Glück zu verkörpern; auch privat waren sie eine Traumfamilie. Die Bilder dieses Familienglücks waren es, die Amerikas Herz rührte, das wußte Kennedy. Die Dokumentation ihrer glänzenden öffentlichen Auftritte überließ er darum den Kameraleuten der Agenturen, Zeitungen und Wochenschauen. Für die Familienfotos engagierte er hingegen professionelle Fotografen wie Cecil Stoughton oder Jacques Lowe, die ihrerseits dem Zauber des jungen Paars verfielen und Fotos machten, die noch heute diesen Zauber ausstrahlen, so daß man bei ihrem Anblick alles, was man über die Schattenseiten ihres Lebens weiß, vergessen möchte und nur an diese Zelluloid-Wahrheit glauben mag. So konnte etwa der Dramatiker Larry Gelbart 30 Jahre nach Dallas an Jacques Lowe schreiben: *So oder so mußte man ihm verfallen. / Seinem Zauber verfallen. / Man hatte keine Chance. / Man verfiel seiner Logik. Oder seinem Witz. Oder seinem Lächeln. / Man wurde durch die Bilder verzaubert: Am Ruder eines Bootes oder barfuß am Strand. / Im Frack oder mit heraushängendem Hemd / … / Wir sind die Seinen auf immer, auf ewig verzaubert.*

Sex und Macht

[Er] scheint seine Verwundbarkeit ignoriert zu haben. Er baute auf die Treue seiner vielen Freunde in der politischen und literarischen Welt ... Vor einigen von ihnen gerierte er sich mit geradezu fahrlässiger Sorglosigkeit ... Andererseits ... waren ihm Untergangsstimmungen von Kind auf vertraut. Er glaubte an seinen günstigen und seinen ungünstigen Stern. In seinem Naturell gingen Leichtsinn und Vorahnung in eins ... [Er] hätte auch ohne Griechischkenntnisse wissen müssen, daß jedes Zuweitgehen die Nemesis anlockt.

Richard Ellmann über Oscar Wilde

John F. Kennedy hatte sich nur widerwillig auf die Ehe eingelassen. «Sie bedeutet das Ende einer vielversprechenden politischen Karriere», schrieb er an Red Fay, «die sich ja bis jetzt fast ausschließlich auf den guten alten Sex-Appeal gestützt hat.» Die für Kennedy typische Selbstironie verdeckt eine reelle Sorge; denn wie etwa die *New York Daily News* in ihrem Bericht über die Verlobung am 23. Juni 1953 schrieb, würden nicht nur «Debütantinnen von Washington bis Boston, von Palm Beach bis Hollywood» die Köpfe hängen lassen, sondern «Tausende von Teenagern in Boston, die wie Sinatra-Fans kreischten, wenn der junge Millionär John Kennedy einen Wahlkampfauftritt an ihren Schulen absolvierte». Vom Anfang seiner politischen Karriere an hatte Kennedy auf das Votum der Frauen gesetzt: «Die Frauen bilden inzwischen die Wählermehrheit», erklärte er 1945. «Die Frauen haben nicht nur politische Macht, sondern auch finanzielle Macht. Sie kontrollieren etwa 50 Prozent des Reichtums in diesem Staat [Massachusetts], sie geben etwa 85 Prozent des Geldes aus, und sie erben 75 Prozent.» Kennedy konnte es sich nicht leisten, diese Macht zu brüskieren.

Die 1953 möglich erscheinende Einbuße an Sex-Appeal durch eine Heirat mußte aber gegen die Gefahren abgewogen werden, die ein weiteres Zögern mit sich brachte. Kurz vor Bekanntgabe der Verlobung war eine Titelgeschichte über den «lustigen Junggesellen des Senats» in der *Saturday Evening Post* erschienen. «Ich werde als komplettes Arschloch dargestellt!» schimpfte Kennedy. Der Zornesausbruch richtete sich gegen den von der *Post* listig gewählten Titel: *The Senate's Gay Young Bachelor*. In der von politischer und sexueller Denunziation und Selbstzensur geprägten Atmosphäre der McCarthy-Ära hatten die Medien wie in einem totalitären Staat gelernt, ihre eigentliche Botschaft in einem Code zu vermitteln, der äußerlich harmlos, Eingeweihten jedoch verständlich war. Im Slang der fünfziger Jahre bedeutete *gay* (so Eric Partridges *Dictionary of Slang and Unconventional English*, Ausgabe von 1949) sexuell «unmoralisch» (und außerdem «frech, aufsässig und vorlaut»). Ein *gay cat* war ein Mann, der auf Frauenjagd geht. Und schließlich wurde das Adjektiv in bestimmten Kreisen – vor allem in der Party-Gesellschaft New Yorks, Washingtons und Hollywoods, wo sich Prominente aus Film und Fernsehen, Journalismus und Literatur, Wirtschaft und Politik trafen und in der Kennedy mit Vorliebe verkehrte – in seiner heutigen Bedeutung verwendet. Es konnte angesichts der herrschenden und von McCarthy und seinem Gehilfen Roy Cohn angeheizten Homophobie nicht ausbleiben, daß über einen älter werdenden Junggesellen, seinem Ruf als Frauenheld zum Trotz, auch andere Gerüchte in Umlauf kamen. Kennedys

Sekretärin Evelyn Lincoln behauptet denn auch: «Der alte Joe sagte ihm, er müsse heiraten, sonst würden die Leute glauben, er sei schwul.»

Am Ende sollten sich alle Sorgen als unbegründet erweisen. Mit jedem Schritt, der Kennedy dem Weißen Haus näher brachte, steigerte sich der gute alte Sex-Appeal. Frank Sinatras Stunden als Schwarm der *High-School*-Mädchen waren gezählt: 1955 bereits wurde er durch Elvis Presley abgelöst. Aber bei Kennedys Auftritten gerieten Frauen ungeachtet seiner Ehe und seines Alters weiterhin außer Rand und Band: «Du bist besser als Elvis!» schrien Schülerinnen 1956 in Louisville, Kentucky.

Nach den Fernsehdebatten mit Richard Nixon 1960 – Elvis war inzwischen durch die Armee domestiziert und anschließend nach Hollywood verbannt worden, die Beatles spielten in schmuddeligen Kellerbars und wurden gerade von Hamburger Existentialisten entdeckt – steigerte sich die Kennedy-Hysterie zu einem nationalen Phänomen. Wo immer der Kandidat auftrat, wurde er von erregten, kreischenden und heulenden Frauen jedes Alters umringt, gestreichelt, begrabscht, umklammert, angesprungen, angebetet: Kulminationspunkt einer gewaltigen, seit Jahrzehnten angestauten sexuellen Frustration in einem Land, das die Jagd nach dem Glück zum Menschenrecht erklärt, sich aber dem lustfeindlichen Geist des Protestantismus unterworfen hatte. «Man erinnert sich an das Ächzen und Stöhnen», schrieb der Journalist Theodore White, der den Wahlkampf begleitete, «und an eine verschlampte Hausfrau, die mit heiserer Stimme vor sich hin murmelte: ‹Oh, Jack, ich lieb dich, Jack, ich lieb dich, Jack – Jack, ich lieb dich› …»

Die Wahl 1960 war unterschwellig auch eine Abstimmung über die Sexualmoral. Mailer befürchtete, die Unentschiedenen könnten «für die von Nixon versprochene psychische Sicherheit» stimmen, «wie ein Mann im mittleren Alter, der sich keine Abenteuer mehr zutraut, am trockenen Brot seiner

Ehe festhält». Bereits im März 1960 wurde am Broadway ein Theaterstück von Gore Vidal über den Kampf zwischen zwei Präsidentschaftskandidaten aufgeführt, die in wesentlichen Eigenschaften mit Nixon und Kennedy übereinstimmten. Die Promiskuität der sympathischen, «brillanten, witzigen, aristokratischen, intellektuellen» Kennedy-Gestalt «Russell» wurde der biederen Moral der verschlagenen und kleinbürgerlichen Nixon-Gestalt Cantwell gegenübergestellt. So gibt es zum Beispiel folgenden Wortwechsel zwischen zwei Frauen:

Mrs. Gamadge: Ich bin eine loyale Parteiarbeiterin, und ich werde dafür sorgen, daß die Frauen alle hinter Bill Russell stehen.

Mabel: Unter ihm liegen wäre die üblichere Position. Bei diesem Bill Russell gibt es nur Sex, Sex, Sex, morgens, mittags und abends.

Und an anderer Stelle sagt Russells Frau:

Du hast jetzt ein Problem. Wie du deine Mädchen ins Weiße Haus bekommst. Oder wirst du eine eigens dafür eingerichtete Wohnung in der K-Street haben, wo der Präsident, verkleidet natürlich, neue ... Menschen treffen kann?

Und wenig später: *Aber du bist fast schon ein großer Mann, und deshalb werde ich wohl alles aushalten können.*

Allerdings gab es für jede frustrierte Hausfrau, die das Abenteuer Kennedy wählte, mindestens eine andere Frau, die den biederen Ehemann Nixon bevorzugte. Nur 49 Prozent aller Frauenstimmen gingen 1960 an Kennedy, 51 Prozent an Nixon. Wie im privaten Bereich wirkte Kennedys Zauber auf Männer noch stärker als auf Frauen.

Es war vielleicht auch zu erwarten, daß Männer auf die Sexualmoral Kennedys eher positiv reagieren würden als Frauen. In einem Interview mit Paul Krassner sprach Mailer 1962 vom Erfolg der «sexuellen Revolution», für die viele Schriftsteller seiner Generation seit zwanzig Jahren gekämpft hätten, und unterstrich die Rolle Kennedys bei der

Lockerung der amerikanischen Sexualmoral: «Ich würde sagen, daß es in Amerika heute eine höhere Akzeptanz der Sexualität gibt als vor seiner Wahl.» Überraschend fügte er hinzu: «Ob das gut oder schlecht ist, weiß ich nicht. Es handelt sich vielleicht nur um eine Akzeptanz der Promiskuität.» – «Willst du damit sagen, es ist wegen …?» warf Krassner schüchtern ein. – «Wegen Kennedy – *unbedingt*», antwortete Mailer.

Vidals Theaterstück war hellsichtig; was nicht wundernimmt angesichts der Tatsache, daß er schließlich mit den Kennedys verwandt und befreundet war. Auch im Weißen Haus blieb Kennedy ein *compulsive womanizer* und behielt seine Hotelsuiten in Washington und New York bei; und Jacqueline blieb bei ihm, weil er *fast schon ein großer Mann* war. Zwischen den Eheleuten gab es eine stillschweigende Übereinkunft: Jacqueline tolerierte, was sie für normales männliches Verhalten hielt; sie verlangte im Gegenzug lediglich Diskretion; sie durfte nicht in der Öffentlichkeit lächerlich gemacht werden. Ihre Mutter hatte sich einmal mit Black Jack und einer Golfpartnerin fotografieren lassen. Erst als das Foto am nächsten Tag in der *New York Daily News* erschien, bemerkte Janet, daß ihr Mann und die andere Frau Händchen hielten, während alle drei in die Kamera lächelten. «Jackie fand das Bild zum Totlachen», behauptet Smathers. «Im Weißen Haus hat sie es oft hervorgeholt und darauf gezeigt, und dann konnte sie sich vor Lachen kaum noch halten.» Es mag sein, daß Jacqueline die Demütigung der prätentiösen und kalten Janet «zum Totlachen» fand, aber sie war nicht bereit, selbst in die Rolle der öffentlich Düpierten zu schlüpfen. Wie in der Frage der Verwendung der Kinder für Publicity-Zwecke wollte sie die Souveränität wahren, wollte sie kontrollieren, wer was über ihre Ehe erfuhr. So erzählte sie einem hochrangigen Besucher, als sie beim Rundgang durch das Weiße Haus das Büro zweier Mitarbeiterinnen besuchten: «Und das sind die beiden Mädchen, die angeblich mit meinem Mann schlafen.» Wenn aber die Gerüchte überhandnahmen, wenn ihre Position gefährdet war, konnte sie sich ihm entziehen und ihn verletzen.

Im Sommer 1962 etwa, als Gerüchte über Kennedy und Marilyn Monroe aufkamen und in einen Zusammenhang mit dem Tod der Schauspielerin gestellt wurden, verschwand Jacqueline für mehrere Wochen und machte mit Caroline in Italien Urlaub. «Jacqueline Kennedy hatte ursprünglich geplant, zwei Wochen in Ravello zu bleiben», konnte Kennedy in der Zeitschrift *Time* lesen. «Aber aus den zwei Wochen sind drei und sogar vier geworden, und sie hat sich hier so prächtig amüsiert, daß man fast den Eindruck hat, sie könnte sich hier doch noch permanent niederlassen.» Das war eine deutliche Botschaft an die Adresse des Präsidenten. Als Fotos in der Presse erschienen, die Jacqueline in ausgelassener Stimmung auf der Jacht des Fiat-Vorsitzenden Gianni Agnelli zeigten, schickte der verärgerte Kennedy sogar ein Telegramm: ETWAS MEHR CAROLINE UND WENIGER AGNELLI. Hier war mehr als die übliche männliche Doppelmoral im Spiel. Indem sich die schöne Königin dem König entzog, stellte sie in aller Öffentlichkeit seine Männlichkeit in Frage; denn die Öffentlichkeit assoziierte diese Männlichkeit zunehmend damit, daß der Präsident dieses bezaubernde Wesen «besaß» und Vater seiner Kinder war. «Es kommt nicht darauf an, was du bist, sondern wofür dich die Leute halten» – in diesem empfindlichsten Punkt seines Wesens konnte ihn Jacqueline treffen.

Ähnlich verunsichert reagierte er ein Jahr später, als Jacqueline nach dem Tod Patricks die Einladung des griechischen Tankermillionärs Aristoteles Onassis annahm, eine Mittelmeerkreuzfahrt auf dessen Jacht zu unternehmen. «Mrs. Kennedy ... wirkt fast wie ein anderer Mensch, wenn sie sozusagen allein reist», schrieb der Korrespondent von UPI. Neben den Berichten über das luxuriöse und ausschweifende Leben an Bord der *Christina* war die amerikani-

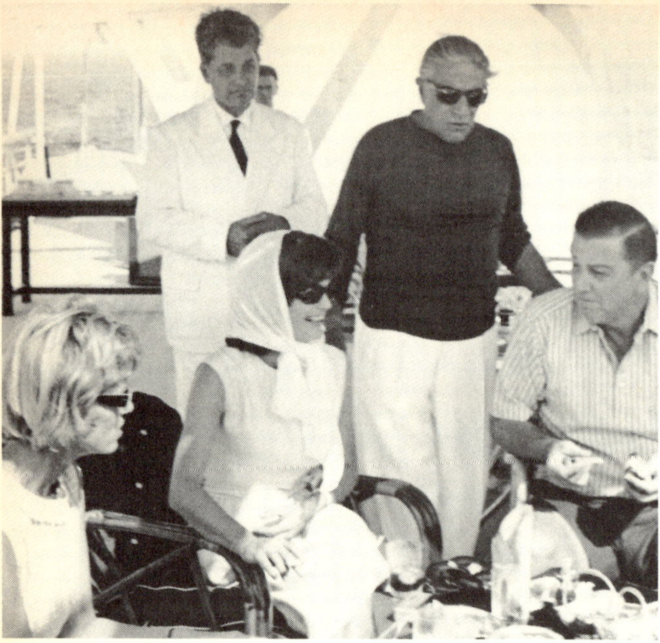

Liaison scandaleuse: Jacquelines Beziehung zum Reeder Aristoteles Onassis (Mitte; rechts Franklin D. Roosevelt Junior; links Jacquelines Schwester Lee Radziwill) sorgte für Schlagzeilen in den USA.

sche Öffentlichkeit besonders empört über die Anwesenheit des stellvertretenden Handelsministers Franklin Roosevelt Jr. als Gast eines ausländischen Kapitalisten und Konkurrenten amerikanischer Reeder. Der Aufschrei über diesen Ausflug hat ihm politisch endgültig das Genick gebrochen. Als Jacqueline ihren Mann fragte, wen er 1968 als Nachfolger vorgesehen habe, sagte er: «Es sollte Franklin Junior sein, aber dank dir und Onassis ist das erledigt.» Kennedy bestand darauf, daß Onassis erst nach der Wahl 1964 zu einem Gegenbesuch eingeladen werden dürfe. Darüber, ob Jacqueline in diesem letzten Sommer ihrer Ehe mit Kennedy eine Affäre mit dem Tankerkönig hatte, gehen die Spekulationen der Augenzeugen auseinander. Auf jeden Fall aber wurde er ein enger Freund und verbrachte die Tage zwischen dem Attentat von Dallas und dem Begräbnis als Gast Jacquelines im Weißen Haus.

Auf den ersten Blick scheint es zwischen Oscar Wilde und John F. Kennedy keinerlei Beziehung zu geben – außer der, daß Jacqueline sie zu politischen und literarischen Leitfiguren ihres 20. Jahrhunderts erkor. Aber beide schufen ihr Leben als Kunstwerk – «in mein Werk habe ich nur mein Talent gesteckt, mein Genie in mein Leben», sagte Wilde – und schienen unbewußt darauf auszusein, dieses Kunstwerk als Tragödie enden zu lassen. Mit seinen sexuellen Abenteuern schien Kennedy geradezu das Risiko zu suchen, die Selbstzerstörung herauszufordern. Anders ist der unglaubliche Leichtsinn kaum zu erklären, der seine Affären mit Marilyn Monroe, Judith Campbell und Mary Pinchot Meyer kennzeichnet – drei *liaisons dangereuses*, deren Aufdeckung nicht nur Kennedys Ehe und seine Präsidentschaft, sondern das ganze Kunstwerk seiner öffentlichen Person in den Abgrund gezogen hätten.

Daß seine Verabredungen mit Sekretärinnen und Stewardessen, Stripperinnen und Callgirls oder «der Frau eines ausländischen Industriellen», die (so Truman Capote, der mit Jacqueline und deren Schwester Lee befreundet war) «gelegentlich nach Washington einflog, um ihm einen zu blasen», von der Presse nicht zum Anlaß eines Skandals genommen wurden, mag Kennedy übermütig gemacht haben. Aber selbst die ihm oft sklavisch ergebene Presse hätte die Affären mit Mary Meyer, Marilyn Monroe oder Judith Campbell nicht verschweigen können, wären die Details durch die Indiskretionen eines Freundes oder eines Feindes bekannt geworden.

Mary Pinchot Meyer zum Beispiel führte ein Tagebuch, in

dem sie Einzelheiten ihrer längeren Affäre mit dem Präsidenten festhielt, die erst durch seine Ermordung beendet wurde. Wenn Jacqueline nicht in Washington war, besuchte Mary zwei- bis dreimal die Woche Kennedy im Weißen Haus. Zwar wußte die Ex-Frau eines CIA-Mitarbeiters, daß eine Scheidung von Jacqueline für den Präsidenten nicht in Frage kam, aber sie träumte davon, nach dem Ende seiner Präsidentschaft mit Kennedy zusammenzuleben. In ihrem Tagebuch beschrieb sie, wie sie mit ihm in seinem Schlafzimmer Marihuana rauchte und einen milden LSD-Trip ausprobierte. Der Präsident versprach auch, Kokain zu besorgen: «Wir haben nächste Woche eine Drogenkonferenz hier im Weißen Haus.» Elf Monate nach dem Attentat in Dallas wurde Mary Meyer bei einem Spaziergang am Kanal in der Nähe ihres Hauses in Washington ermordet. Der Mörder wurde nie gefaßt. Die Millionenerbin und Hobbykünstlerin war eine gute Freundin Jacquelines und eine Schwägerin Ben Bradlees, der beim Ausräumen ihres Hauses das Tagebuch entdeckte, das er James Angleton übergab, dem paranoiden Spionageabwehrchef des CIA. Angleton soll das brisante Dokument verbrannt haben.

Noch gefährlicher war die Affäre Kennedys mit Marilyn Monroe, die bereits Ende der fünfziger Jahre begonnen hatte. Marilyn war auf dem Höhepunkt ihrer Karriere, und für sie wie für Kennedy hatte die Beziehung den Charakter einer gelegentlichen Ablenkung. Für Kennedy blieb die Schauspielerin auch das, was sie für Millionen Männer bedeutete, die sie nur von der Leinwand her kannten: ein Sexualobjekt. Für Marilyn jedoch, die ihre Rollen als dumme Blondine satt hatte, sich als «Überbau ohne Basis» bezeichnete und zunehmend in unkontrollierbare Depressionen verfiel, von Alkohol und Tabletten abhängig wurde und ihren ohnehin nicht sehr ausgeprägten Sinn für die Realitäten des Lebens immer mehr verlor, nahm die Beziehung die Dimensionen einer Hollywood-Romanze an, in der das unehelich geborene, als junges Mädchen sexuell mißbrauchte Heimkind Norma Jean Baker zur *First Lady* der Vereinigten Staaten aufstieg. Ihren naiven Traum vertraute die Sexgöttin allzu vielen vermeintlichen Freunden an. Bereits 1960 wurde Kennedy von Beratern darauf hingewiesen, daß über die Affäre in Hollywood geklatscht wurde, und man riet ihm, die Beziehung abzubrechen. Kennedy mißachtete nicht nur ihre Ratschläge, sondern schien förmlich die Entlarvung durch die Presse herauszufordern. «Du schaffst es nicht, Benjy», sagte er einmal zu Bradlee. «Ihr [Journalisten] versucht alle, mir irgendeine Mädchengeschichte anzuhängen, aber keiner von euch schafft es ...» So kam es, daß bei einer von Peter Lawford organisierten Galavorstellung zum 45. Geburtstag des Präsidenten Marilyn Monroe ins Rampenlicht trat und in einem Kleid, das – in ihren Worten – «aus Haut und Perlen» bestand, «Happy Birthday, Mr. ... President» ins Mikrofon hauchte. Jacqueline hatte es übrigens vorgezogen, dieser Veranstaltung fernzubleiben. Nach Marilyns Auftritt ging Kennedy auf die Bühne und bedankte sich: «Nachdem mir *Happy Birthday* auf eine derart süße und unverdorbene Weise vorgesungen worden ist, kann ich mich jetzt aus der Politik zurückziehen.» Tatsächlich aber zog er sich an diesem Abend von Marilyn Monroe zurück, übergab sie jedoch seinem Bruder Bobby. Im Sommer 1962 erzählte Marilyn ihren Freunden in Hollywood, Bobby Kennedy werde sich von Ethel scheiden lassen, sie heiraten und 1968 ins Weiße Haus mitnehmen.

Durch Marilyns Indiskretionen war die Mafia bereits auf das Verhältnis der Schauspielerin zu den Kennedys aufmerksam geworden. Frank Sinatra, mit dem Marilyn 1960 eine kurze Affäre gehabt hatte und der ein enger Freund blieb, war ja so etwas wie ein Sprecher des Syndikats; und Marilyns Freundin Phyllis MacGuire war eine Geliebte Sam Giancanas, der in Chicago die Nachfolge Al Capones angetreten hatte. Als Giancana einmal auf dem Flughafen von Chicago mit FBI-Beamten Ärger bekam, rief er aus: «Ich weiß über die Kennedys Bescheid, und Phyllis weiß viel mehr über die Kennedys, und eines Tages werden wir alles erzählen … Ihr werdet diesen Tag noch bereuen.» Der Bericht über den Zwischenfall landete auf dem Tisch von Edgar Hoover, der das Sexualleben Kennedys seit Jahrzehnten sorgfältig überwachte und dessen Agenten beim Abhören eines Mafia-Treffens folgende Unterhaltung mitgeschnitten hatten: «Bei jedem [großen] Namen beißen sie an. Es sei denn, der Bruder… Die Sache ist schon groß genug, um einen Skandal zu verursachen. Will er wirklich, daß eine große Überschrift mit Marilyn Monroe rauskommt? …» Durch seine Unterweltkontakte bekam James Hoffa, der korrupte und kriminelle Boß der Transportarbeitergewerkschaft und Erzfeind der Kennedys seit den fünfziger Jahren, Wind von der Angelegenheit und ließ das Haus der Schauspielerin ebenso wie Peter Lawfords Haus in Hollywood von seinem persönlichen Abhörexperten Bernard Spindel überwachen, der mehrere Zusammenkünfte Marilyns mit beiden Brüdern auf Tonband festhielt. Damit hatte sich der Präsident der Vereinigten Staaten aus schierem Leichtsinn in eine Situation begeben, in der er vom organisierten Verbrechen erpreßt werden konnte.

Im Sommer 1962 wurde Marilyn Monroe zunehmend zu einer Belastung, ja einer Gefahr für die Kennedys. Sie hatte Unterlagen über ihre Beziehungen zum Präsidenten und zum Justizminister, darunter eine Art Tagebuch; sie redete zuviel; sie war psychisch höchst labil; und wenn die Sexgöttin der westlichen Welt mit ihrer Geschichte zur Presse gehen sollte, würde sie vermutlich eher Gehör finden als etwa die hysterischen Wirtsleute der Sekretärin Pamela Turnure.

Am 3. August flog Robert Kennedy mit Ethel und vier seiner Kinder auf die Ranch eines Freundes bei Gilroy, einige hundert Kilometer nördlich von Los Angeles. Am nächsten Tag flog er allein zu Peter Lawford und traf Marilyn in ihrem

Haus. Was dort besprochen wurde, ist vielleicht auf den Bändern festgehalten, die Hoffa machen ließ, aber sie sind verschwunden, und Spindel und Hoffa sind tot. Peter Lawford sagte aus, Marilyn habe ihn am Abend angerufen und sich mit den Worten verabschiedet: «Sag Jack auf Wiedersehen, und dir auch, denn du bist ein netter Kerl.» Wenig später traf ein Krankenwagen bei ihr ein. Um diese Zeit lebte Marilyn noch. Der genaue Zeitpunkt und Ort ihres Todes sind unbekannt; ebenso die Identität der Person, die Befehl gegeben haben soll, ihre nackte Leiche auf ein Bett zu legen und ihr den Telefonhörer in die Hand zu drücken, so daß es aussah, als wäre sie beim Telefonieren gestorben. Es steht aber fest, daß Peter Lawford mit einigen Freunden durchs Haus ging, um eventuelle Hinweise auf die Kennedys zu vernichten, und anschließend einen Privatdetektiv anrief, der ebenfalls das Anwesen durchsuchen sollte. Der Detektiv traf jedoch erst ein, als die Leiche bereits entdeckt worden war. Das Tagebuch und andere persönliche Unterlagen waren aus einem aufgebrochenen Schrank verschwunden. Als am Sonntagmorgen die ersten Meldungen über den Tod Marilyn Monroes erschienen, war Robert Kennedy mit seiner Familie bei der Messe in Gilroy.

So unglaublich die Vorgänge um den Selbstmord Marilyn Monroes klingen, sie werden noch in den Schatten gestellt durch Kennedys Affäre mit dem Partymädchen Judith Campbell, die ihm 1960 von Frank Sinatra zugeführt worden war. Campbell, die den Präsidenten wiederholt im Weißen Haus besuchte, unterhielt gleichzeitig intime Beziehungen zu Sam Giancana und zu einem weiteren Mafiahäuptling namens Johnny Roselli. Auch die Affäre mit Campbell war Hoover bekannt, da das FBI bereits die erste Zusammenkunft Kennedys mit der Edelhure in einem New Yorker Hotel abgehört hatte. Kennedy benutzte Campbell nicht nur im Bett – in ihren Memoiren kritisiert sie, daß er «verwöhnt» war und nur «bedient» werden wollte –, sondern auch als Kurier für vertrauliche Mitteilungen an Giancana und Roselli, die angeheuert worden waren, um einen Geheimauftrag der Kennedys zu erledigen, bei dem der CIA wiederholt versagt hatte: Fidel Castro zu ermorden.

«In der Karibik hatten wir eine gottverdammte Mordfirma im Einsatz», erklärte Lyndon Johnson einem Mitarbeiter kurz vor seinem Tod. Der Texaner sah die Ereignisse von Dallas in den Kategorien eines Westerns: «Kennedy wollte Castro erledigen. Aber Castro hat ihn vorher erledigt.» Der Verschwörungstheorie Johnsons, den selbst befreundete Mitarbeiter in der Agonie seiner Präsidentschaft für paranoid hielten, muß man kein großes Gewicht beimessen. Sie ist allerdings weniger weit hergeholt als die verbreitete Theorie, Kennedy sei im Auftrag der Mafia getötet worden. Warum sollten die Gangster einen Präsidenten töten, dem sie zur Macht verholfen hatten und den sie jederzeit erpressen konnten? Giancana und Roselli wurden ihrerseits 1975 ermordet, kurz bevor sie vor einem Senatsausschuß über ihre Auftragsarbeit für die Regierung Kennedy aussagen sollten. Hoffa verschwand im gleichen Jahr und ist vermutlich ebenfalls ermordet worden. In keinem dieser Fälle ist jemals Anklage erhoben worden.

Das Attentat

Ich frage mich, was passieren würde, wenn einer aufstehen und kundtun würde, daß er nicht nur die jeweilige Regierung ablehnt, sondern auch das Volk, das ganze Land, sämtliche Grundlagen seiner Gesellschaftsordnung.

Lee Harvey Oswald auf der Reise in die USA, im Juni 1962

Seine Frau schläft noch, als er zur Arbeit geht. Sie schläft gern lang, und mit der Hausarbeit nimmt sie es auch nicht so genau. Sonst ärgert ihn das, heute ist es ihm recht. Sie könnte ihm sonst Fragen stellen über das in Packpapier gewickelte längliche Paket, das er bei sich trägt. Kollegen gegenüber erklärt er, es handele sich um Gardinenstangen. In Wirklichkeit befindet sich im Packpapier ein Manlicher-Carcano-Gewehr. Vor einigen Wochen hat er damit auf den rechtsextremen General Edwin A. Walker geschossen, hat ihn aber verfehlt. Heute wird er nicht versagen.

Jahrelang, so scheint es ihm, ist er der Geschichte vergeblich nachgelaufen, und nicht einmal ihren Rockzipfel hat er fassen können. Er spürt, daß er dazu bestimmt ist, in die Geschichte einzugehen; aber seine Umwelt spürt es nicht, und die Geschichte ermuntert ihn nicht. Als er vor vier Jahren in die Sowjetunion ging, wollte er auf dramatische Weise seinen Bruch mit einem System dokumentieren, das ihn als Versager und Außenseiter abgestempelt hat – weil er aus armen

Verhältnissen und einer kaputten Familie kommt; weil ihm beim Schreiben die Buchstaben durcheinandergehen, so daß er selbst in dem scheinbaren Gestammel auf dem Papier seine eigenen Gedanken – so klar, so zwingend – kaum wiedererkennt; weil ihn die stille Wut über sein Schicksal zum verschlossenen, zynischen, aggressiven Einzelgänger macht – eine Todsünde in einer Gesellschaft, in der Popularität als Gradmesser des Erfolgs gilt.

Sein Verrat müßte Aufmerksamkeit hervorrufen, glaubte er damals, ihn aus der Menge der *Nobodys* herauskatapultieren, die unsichtbare Mauer des Nicht-beachtet-Werdens niederreißen, die ihn seit seiner Kindheit umgibt; müßte ihm die Gelegenheit geben, die Verlogenheit der Versprechungen von Freiheit, Chancengleichheit und Glück, des ganzen amerikanischen Traums vor einer größeren Öffentlichkeit anzuprangern. In Erwartung dieser Aufmerksamkeit begann er damals, ein «historisches Tagebuch» zu führen. Es dokumentiert jedoch nur Enttäuschungen.

Die Russen hielten ihn zunächst für verrückt; dann fragten sie sich, ob er ein amerikanischer Agent sein könne; schließlich steckten sie ihn als einfachen Arbeiter in eine Radiofabrik in Minsk. Vom KGB wurde er weiterhin überwacht, das war ihm klar, aber nicht sehr gründlich. Vor ihm erstreckte sich die Langeweile eines Lebens als Arbeiter im Arbeiterstaat – ohne Sorgen zwar, doch auch ohne Bedeutung, ohne Größe, ohne Sinn. «Du sprichst von Vorteilen», schrieb er damals an seinen Bruder. «Glaubst du, ich wäre deshalb hier? Wegen persönlicher, materieller Vorteile?» Ja, er hatte in Minsk viel Geld, eine gute Wohnung, Freunde. Aber «das Glück gründet sich nicht in einem selber, es besteht nicht aus einem kleinen Häuschen, aus Raffen und Anschaffen». Das unterschreibt er heute noch. Wie sagte Kennedy? «Frag nicht, was dein Land für dich tun kann ...» Solchen Idealismus versteht er, aber es darf eben nicht nur um das eigene Land gehen, der Nationalismus ist so eng wie das Spießertum: «Das Glück besteht in der Teilnahme am Kampf, wo es keine Trennung zwischen der privaten Welt und der Welt an sich gibt.» Ab heute wird diese Trennung verschwinden, und der Mann, der sein Gewehr in den sechsten Stock des Schulbuchlagerhauses bringt, verspürt etwas für ihn Seltenes – so etwas wie Glück.

Bei seiner Rückkehr in die USA vor etwas mehr als einem Jahr brachte er an Bord des Schiffs *SS Maasdam* viel Zeit damit zu, mögliche Antworten auf die Fragen der Reporter zu entwerfen, die den verlorenen Sohn sicherlich im Hafen von New York oder später am Flughafen von Dallas in Scharen empfangen würden. Seine Ankunft blieb aber von der Öffentlichkeit unbeachtet. Empfangen haben ihn die bekannte Armut und Enge der Existenz am unteren Rand der Gesellschaft, die ihn aufnimmt wie ein vertrautes Gefängnis den Wiederholungstäter.

Ein Sehender unter Blinden ist er, ein im eigenen Land verkannter Prophet: «Wie viele von euch haben versucht, die Wahrheit hinter den Phrasen des Kalten Kriegs zu suchen? Ich habe unter beiden Systemen gelebt, ich habe die Antworten *gesucht* ...» – so schrieb er auf der *Maasdam*. «Kein Mensch, der unter dem kommunistischen System Rußlands und unter dem kapitalistischen System Amerikas gelebt hat, könnte eine Wahl zwischen beiden treffen. Es gibt keine Wahl. Das eine bietet Unterdrückung, das andere Armut. Beide Systeme bieten imperialistisches Unrecht, verschiedene Schattierungen und Abarten der Sklaverei.» Diese Sätze sind Bestandteile eines politischen Manifests, das er geschrieben hat, als er das Attentat gegen Walker plante. Nach dem Fehlschlag glaubte er, die Geschichte habe ihn abgeschrieben – bis er vor einigen Tagen hörte, daß Kennedys Wagenkolonne bei der Fahrt durch Dallas unmittelbar am Schulbuchlager vorbeifahren wird, in dem er seit kurzem als Aushilfskraft beschäftigt ist. Nicht abgeschrieben hat ihn die Geschichte also, sondern für Großes aufgehoben.

Er spürt keine persönliche Animosität gegen den Präsidenten, obwohl er vielleicht Grund dazu hätte: Schließlich wurde John F. Kennedy *mit einem silbernen Löffel im Mund geboren*, während der Mann, der jetzt sein Gewehr zusammensetzt und sich einen Schießstand aus Schulbüchern baut, nur einen Plastiklöffel mitbekommen hat. Er hat auch keine spezifischen politischen Ressentiments gegen Kennedy, der schließlich General Walker wegen seiner Unterstützung der rassistischen *John Birch Society* aus der Armee entließ. Aber es geht nicht um den Menschen, dessen Kopf und Schultern er jetzt im Fadenkreuz des Zielfernrohrs fixiert, und es geht auch nicht um dieses oder jenes politische Programm, diese oder jene Handlung der Regierung. Es geht um das System, das dieser Kopf vertritt. Jetzt ist der Mann mit dem Gewehr völlig ruhig und erinnert sich seiner eigenen Worte: «... nur wer intellektuell ohne Furcht ist, könnte von unserer Doktrin angezogen werden, und doch verlangt diese Doktrin äußerste Zurückhaltung, einen in sich ruhenden, majestätischen Zustand der Macht. Das ist Stoizismus, doch ist der Stoizismus seit Jahren nicht in die Tat umgesetzt worden, und noch nie zu diesem Zweck.»

Die Wagenkolonne biegt in die Elm Street ein und fährt auf eine Eisenbahnunterführung zu. Durch das Fadenkreuz ist der Präsident mit Gouverneur Connally und seiner Frau im offenen Lincoln deutlich zu sehen, neben ihm Jacqueline in einem erdbeerfarbenen Kostüm. Jetzt oder nie. «Der Gezeiten Lauf ändern.» Mut zeigen und dadurch endlich historisches Profil gewinnen. In die Geschichte eingehen oder ein Niemand bleiben. Alles hängt von ihm ab: «... ein in sich ruhender, majestätischer Zustand der Macht». Er drückt auf den Abzug. Einmal, zweimal, dreimal. Es ist 12.30 Uhr am 22. November 1963. Wer in Zukunft an John und Jacqueline Kennedy denkt, wird Lee Harvey Oswald mitdenken müssen.

Bei der Fahrt durch Dallas war der Präsident von den am Straßenrand dicht gedrängt stehenden Menschen entgegen vielen Befürchtungen freundlich empfangen worden. Er hatte darauf bestanden, trotz der Warnungen vor möglichen Zwischenfällen die kugelsichere Plastikhaube von der Präsidentenlimousine entfernen zu lassen, und die Bevölkerung der Stadt, die seiner angeblich zu weichen Linie gegen Fidel Castro und Martin Luther King mehrheitlich ablehnend gegenüberstand, schien diese mutige Geste honorieren zu wollen. Mit dem Präsidentenehepaar fuhren der Gouverneur von Texas John Connally und seine Frau Nellie. Um 12.30 Uhr passierte der Wagen Dealey Plaza und steuerte auf eine Unterführung zu, die aus dem Innenstadtbereich hinausführte. Innerhalb von sechs Sekunden fielen drei Schüsse. Der erste Schuß traf Kennedy im Nacken, durchschlug seinen Hals und traf Connally. Er war nicht tödlich. Ein zweiter Schuß ging daneben. In diesen Sekunden wäre John F. Kennedy noch zu retten gewesen, wenn der Fahrer seines Autos die Situation erkannt und beschleunigt hätte oder wenn seine Geheimdienstagenten ihrem Auftrag gemäß rechtzeitig vom nachfolgenden Auto abgesprungen wären und ihren Präsidenten mit ihren Leibern geschützt hätten. Aber wie in einem Alptraum schienen alle gelähmt, unfähig, auf das entsetzliche Geschehen zu reagieren.

Die Limousine mit den getroffenen Männern kroch im Schneckentempo weiter, die Geheimdienstleute starrten geradeaus. Ein dritter Schuß traf den Kopf des Präsidenten, der förmlich explodierte ...

Aus Jacqueline Kennedys Aussage vor der Warren-Kommission:

Bei der Fahrt im offenen Wagen, wissen Sie, da winkte er meistens nach rechts und ich nach links, und das ist ein Grund, warum man sich nicht so oft ansieht. Und es war furchtbar heiß ... Und ich erinnere mich, wie Mrs. Connally sagte: ‹Wir sind gleich da.› Vor uns sahen wir einen Tunnel ... Und ich weiß noch, wie ich mir dachte, im Tunnel würde es so kühl sein ... Und sie sagte zu Präsident Kennedy: ‹Sie können jedenfalls nicht sagen, die Menschen von Dallas hätten Sie nicht nett empfangen.› Er sagte, glaube ich – ich weiß nicht, ob ich mich daran erinnere oder ob ich es irgendwo gelesen habe –: ‹Nein, bestimmt nicht›, oder so etwas. Und, wissen Sie, das Auto fuhr sehr langsam, und es gab nicht mehr viele Menschen. Und dann – wollen Sie, daß ich Ihnen sage, was passierte?

... Also, ich sah nach links. Es gab wohl ein Geräusch, aber es kam mir nicht eigentlich anders vor als die anderen Geräusche, weil es so viel Krach gibt, Motorräder und so. Aber plötzlich schrie Gouverneur Connally: ‹O nein, nein, nein!› ...

Aus einem Brief von Kennedys Freund und Berater David Powers an die Warren-Kommission:

... dann gab es einen dritten Schuß, der den oberen Teil vom Kopf des Präsidenten wegschoß, und zwar mit einem entsetzlichen Geräusch, wie wenn eine Grapefruit an die Wand geklatscht wird ...

Aus Jacqueline Kennedys Aussage vor der Warren-Kommission:

Ich sah immer noch nach links, und ich hörte diese schrecklichen Geräusche. Sie wissen schon. Also drehte ich mich nach rechts. Und ich kann mich nur noch an den Gesichtsausdruck meines Mannes erinnern, einen irgendwie fragenden Gesichtsausdruck, und er hatte die Hand gehoben, es muß die linke Hand gewesen sein. Und in dem Augenblick, als ich mich zu ihm umdrehte und ihn ansah, sah ich ein Stück seines Schädels, und ich weiß noch, es war hautfarben. Ich weiß noch, wie ich dachte, er sieht nur aus, als hätte er einen leichten Kopfschmerz. Und nur daran erinnere ich mich. Nicht an das Blut ...

Und dann machte er irgendwie so [sie macht es vor], berührte seine Stirn und fiel in meinen Schoß ...

Aus der Aussage von Mrs. Connally vor der Warren-Kommission:

Als ich den dritten Schuß hörte, war mir, als ob man mit Schrot auf uns geschossen hätte, und dann sah ich natürlich, daß es dieses Zeug war, Gehirnmasse oder was auch immer, menschliche Substanz, das ganze Auto war damit über und über bekleckert, und wir auch ... Mrs. Kennedy sagte: ... ‹Jack, sie haben meinen Mann getötet ... Sie haben meinen Mann getötet. Ich habe sein Gehirn in meinen Händen.›

Aus der Aussage Jacqueline Kennedys:

Und ich habe mir immer gedacht, wenn ich nur nach rechts gesehen hätte, dann hätte ich gesehen, wie der erste Schuß ihn traf, und dann hätte ich ihn herunterziehen können, und der zweite Schuß hätte ihn nicht getroffen.

Kurz nach der Tat wurde Lee Harvey Oswald von der Polizei festgenommen. Er hatte im *Texas School Book Depository* gearbeitet, von wo aus die Schüsse gefallen waren und wo die Mordwaffe gefunden wurde, ein billiges Gewehr, das Oswald aus einem Versandhauskatalog bestellt hatte. Auf der Flucht erschoß Oswald einen Polizisten und versteckte sich in einem Kino, wo er schließlich gestellt wurde. Zwei Tage später wurde Oswald im Polizeihauptquartier von Dallas erschossen. Der Täter war Jack Ruby, ein Nachtclubbesitzer jüdischer Herkunft mit Beziehungen zur Mafia in Chicago und New Orleans.

Dallas war als Zentrum rechtsextremer Aktivitäten bekannt, und in den ersten Stunden nach dem Attentat befürchteten der neue Präsident Johnson und seine Berater, das Attentat sei das Werk dieser Kreise und Teil einer umfassenden Verschwörung zum Sturz der Regierung. Als Oswalds Beziehungen zur Sowjetunion und seine Sympathien für Kuba bekannt wurden, kam Johnson zu dem Schluß, Oswald habe im Auftrag Castros gehandelt, der sich für die Anschläge des CIA auf sein Land und sein Leben rächen wolle. Die Aufdeckung einer *Cuban Connection* hätte zum Krieg mit Kuba und wahrscheinlich mit der Sowjetunion geführt. Darum setzte Johnson eine Untersuchungskommission unter

Lee Harvey Oswald am 22. November 1963,
kurz nach seiner Verhaftung.

dem Vorsitz des angesehenen Bundesrichters Earl Warren ein, die den expliziten Auftrag hatte, die alleinige Täterschaft Oswalds zu beweisen. Das ist denn auch die Schlußfolgerung des Warren-Berichts.

Über die Jahre und Jahrzehnte sind die Schwächen und Lücken des Berichts nach und nach an den Tag gekommen, sind zahlreiche Verschwörungstheorien entwickelt worden. Als mögliche Hintermänner sind neben den ursprünglich verdächtigten texanisch-rechtsextremen oder kubanisch-kommunistischen Kreisen die Mafia, enttäuschte Exilkubaner, Ölinteressen, der CIA und sogar Vizepräsident Johnson selbst am häufigsten genannt worden. Beweise für solche

Verschwörungen, die oft genug auf einer Idealisierung Kennedys und einer Verteufelung seines Nachfolgers beruhen, gibt es nicht. Und wenn auch die Alleintäterschaft Oswalds ebenfalls nicht zu beweisen ist, so gibt es auch unter den Kritikern des Warren-Berichts inzwischen kaum Zweifel daran, daß er die tödlichen Schüsse abfeuerte. Jede Darstellung der Ereignisse von Dallas kommt also auf das Geheimnis seines Charakters zurück; wenn Oswald Auftraggeber hatte, so waren ihre Motive nicht die seinen – er hatte seine eigene Rechnung mit Amerika am 22. November zu begleichen.

Und Ruby? Seine Beziehungen zur Mafia lassen natürlich großen Raum für Spekulationen. Es scheint aber, daß Ruby in einer Art paranoidem Alptraum lebte, in dem er überall Anzeichen eines wachsenden Antisemitismus, der Vorbereitung eines neuen Holocausts sah. Der Mord an Kennedy, meinte er, werde wie der Mord an Christus den Juden zur Last gelegt und als Fanal zum Massenmord dienen. Mit seiner patriotischen Tat wollte er diese Gefahr von seinem Volk abwenden.

Norman Mailer hielt Kennedys Ermordung für die logische Konsequenz seines Heldentums; jeder Held bringe den Antihelden hervor, der ihn fällt – so wie jeder Traum den Alptraum provoziert. Paradoxerweise jedoch hat Kennedys Tod den Traum, den er verkörperte, nicht zerstört, sondern konserviert.

«Good career move» soll ein Zyniker aus dem Showgeschäft den Tod Elvis Presleys kommentiert haben: guter Karriereschritt. Auch Kennedys mythische Statur verdankt sich vor allem seinem Tod. In endlosen Wiederholungen der Wochenschauen und Amateurfilme, die an jenem 22. November gemacht wurden, sieht man Jack und Jackie lächelnd in der unerwarteten Herbstsonne, ewig jung und schön: Venus und Adonis, kurz bevor der Eber aus dem dunklen Gebüsch hervorbricht und dem jungen Mann in die Weiche bohrt, Adam und Eva vor dem Sündenfall. Nach Dallas kamen Vietnam und die Ghettoaufstände; Paranoiker im Weißen Haus und Radikale auf den Straßen; Politiker, die sich aus Angst vor Attentaten nicht mehr unter die Menschen trauten, und Menschen, die allen Politikern mißtrauten; Jacquelines Ehe mit Onassis und die Enthüllungen über JFKs Affären ... So haben die Bilder der Minuten vor den Schüssen etwas von der Unschuld alter Fotos aus der Kinderzeit, so verkörpern die winkenden Figuren in der schwarzen Limousine, die an der *Texas Schoolbook Depository* vorbei auf die dunkle Unterführung zufahren, alle Was-wäre-wenn-Fragen, alle Hätte-doch-Hoffnungen eines desillusionierten Zeitalters.

Unsere Welt, so sagen einige Physiker, produziert jeden Augenblick alternative Welten, und wer kann sagen, ob sie weniger Realität besitzen als die, in der wir zufällig existieren? Vielleicht sollten wir uns einen kurzen Blick in jene alternative Welt gönnen, die entstanden wäre, wenn Jacqueline Kennedy zwei Sekunden früher nach rechts geschaut hätte.

Die Sympathiewelle nach dem Attentat hat dem Gespann Kennedy-Johnson den Sieg 1964 gesichert, und während die zweite Amtszeit Kennedys zu Ende und Oswalds Prozeß in die Revision geht, bereiten die Techniker das Raumschiff vor, das Neil Armstrong in Erfüllung eines Auftrags aus den ersten Monaten der Kennedy-Administration zum Mond tragen soll. Es trägt, sinnfällig genug, den Namen des Gottes Apollon, Schutzpatron des Kaisers Augustus und der kaiserlichen Familie. Der Präsident, sichtlich gealtert in den schweren Jahren seiner zweiten Amtszeit, krank und aufgedunsen von dem Kortison, das er gegen die zerstörerischen Folgen der Addison-Krankheit in immer höheren Dosen nehmen muß, denkt an Robert Frosts Zeilen ... *ein neues augusteisches Zeitalter der Poesie und der Macht* ... und muß trotz allem lächeln. Seinen Sinn für Selbstironie und die Ironie der Geschichte hat er behalten. Ganz anders ist es gekommen. In die Geschichte wird er nicht als zweiter Augustus eingehen, eher als ein Richard II. der Neuzeit, dessen Hof zwar glanzvoll, aber moralisch verdorben war. Der Glanz stammte allerdings mehr von Jacqueline als von ihm selbst – und ist inzwischen Geschichte, seit sich die treulosen Intellektuellen und Künstler von ihm abgewandt haben. Früher bewunderten sie seine Kühle und Härte, aber als es in Vietnam ernst wurde und die jungen Männer in Plastiksäcken nach Hause kamen, da wurde ihnen doch mulmig. Nun, es überrascht ihn nicht, er hat sie immer verachtet. Alle Geschäftsleute sind Arschlöcher, so hat man ihn zitiert, als ihm die Konzerne den Stahl für seine Raketen verteuern wollten. Wie die Intellektuellen damals applaudiert haben! Nun kommen sie mit auf die Liste.

Jacqueline meidet das Weiße Haus. Was ihr früher übelgenommen wurde, ihre Distanz zu ihm und ihre Vorliebe für den internationalen *Jet-set*, wird jetzt, da die Presse ihr selbstauferlegtes Schweigen über seine Affären bricht, nur noch achselzuckend zur Kenntnis genommen. Daß sie sich einen Liebhaber nimmt, ist alles in allem nur gerecht, denkt er, nur müßte es nicht gerade dieser geschmacklose levantinische Tankerkönig sein, der, wie ihm das FBI mitteilt, die Barhocker seiner Jacht mit Walhodenhaut bespannen läßt. Und die Kinder vermißt er …

Der Ausgang der kommenden Wahl interessiert ihn nicht. Der Riverboat-Glücksspieler gegen Tricky Dick. Mit dem Namen Kennedy haben Bobby und Ted natürlich in der Politik keine Chancen mehr. Gut, daß der Vater das nicht mehr erlebt hat. Der neue Präsident wird nicht zu beneiden sein: der Aufbruch zu neuen Ufern ist im uferlosen Morast Vietnams steckengeblieben; die Wirtschaft stagniert, der Wohlstand der Eisenhower-Jahre wird von der Inflation aufgefressen. Martin Luther King ist tot, die Ghettos brennen. An den Hochschulen rebelliert eine Jugend, für die der gescheiterte Attentäter Lee Harvey Oswald ein Held und sein

«Athenaisches Manifest» neben Che Guevaras Pamphleten und den Worten des Vorsitzenden Mao zur Pflichtlektüre geworden ist. Hätte Oswald damals ganze Arbeit geleistet, heißt es hinter vorgehaltener Hand auch bei den Partys der Washingtoner Schickeria, uns wäre der Krieg erspart geblieben. 1960 hat er die Jugend Amerikas und der Welt zu einem neuen Idealismus aufgerufen, und acht Jahre später, da im Dschungel der *New Frontier* die Bleichgesichter gegen die Gelbhäute verlieren, richtet sich dieser Idealismus gegen ihn selbst. Auch jetzt, zu später Nachtstunde, hört er die Demonstranten draußen auf der Pennsylvania Avenue rufen: *Hey, hey, JFK, how many kids did you kill today?*

In solchen Augenblicken wünscht sich John Kennedy, er wäre in Dallas gestorben.

Camelot

... Und stirbt er einst,
Nimm ihn, zerteil in kleine Sterne ihn:
Er wird des Himmels Antlitz so verschönern,
Daß alle Welt sich in die Nacht verliebt
Und niemand mehr der eitlen Sonne huldigt.

William Shakespeare, «Romeo und Julia»

Das Attentat vom 22. November 1963 löste eine Welle der Trauer aus, wie sie die Welt seit dem Tod Stalins zehn Jahre zuvor nicht mehr gesehen hatte. Zwar trauerten nicht alle Menschen: «Kennedy beißt ins Gras», kommentierte kaltschnäuzig die Pekinger *Arbeiterzeitung*; Schulkinder in Dallas applaudierten, als sie die Nachricht vom Tod des Präsidenten hörten; und ein dicker Schüler im Mittleren Westen sagte mißmutig: «Sie hätten ihn früher erschießen sollen, dann bräuchten wir nicht diesen ganzen Fitneßkram zu machen» – ein Hinweis darauf, wie *the pursuit of excellence* das Leben auch der einfachen Menschen beeinflußte. Solche Reaktionen waren aber die Ausnahme. Für Millionen war der Tod Kennedys ein Ereignis, das sie wie der Tod eines engen Familienangehörigen traf. «Fünfmal bin ich seit Freitag zusammengebrochen und habe ohne Scham öffentlich geweint», bekannte ein dreiundzwanzigjähriger Student der Universität Yale. Verwirrte Kinder erlebten, wie Eltern, Lehrer und andere Erwachsene heulend zusammenbrachen. Im Bundesstaat Michigan stellte eine Psychologin bei Befragungen bei Erwachsenen und Kindern verstärkte Appetitlosigkeit, Kopfschmerzen, Übelkeit, Weinen, Schlaflosigkeit – Symptome extremer Trauer – fest. Erwachsene träumten verstärkt von ihren toten Vätern; Kinder hatten Angst vor Kennedys Gespenst.

Zur Trauer um den schönen und sympathischen, noch jungen Menschen, der in Dallas starb, zum Entsetzen über die Brutalität des Verbrechens, zum Schock des unerwarteten Verlusts, zum Mitleid mit der Witwe und den Kindern gesellten sich in den USA Scham, Ekel und Verwirrung, ein Gefühl kollektiver Schuld. Zwar hatte es auf fast jeden Präsidenten einen oder mehrere Mordanschläge gegeben, seit William McKinley im ersten Jahr des neuen Jahrhunderts von dem Anarchisten Leon Czolgosz erschossen worden war – durch die Ermordung McKinleys wurde Theodore Roosevelt, der seine Wahl zum Vizepräsidenten mit den Worten kommentiert hatte, sie bedeute «seinen politischen Tod», zum jüngsten Präsidenten in der Geschichte der USA. Dennoch hatten viele Amerikaner das Gefühl, solche Verbrechen seien irgendwie unamerikanisch; ein Zeichen dafür, daß Amerika insgesamt krank geworden sei, sich selbst verraten habe. «Was ist mit unserem Land passiert, Daddy?» fragte Schlesingers heulende Tochter Christina. «Wenn das unser Land ist, will ich hier nicht mehr leben.» Als schließlich Lee Harvey Oswald im Polizeihauptquartier von Dallas vor laufenden Fernsehkameras von Jack Ruby niedergestreckt wurde, steigerte sich noch das Gefühl, die Nation habe den Kopf verloren und sei drauf und dran, in einem Chaos von Gewalt und Blut zu versinken.

Als Katholikin begriff Jacqueline Kennedy den Nutzen des Rituals; als Aristokratin verstand sie die Bedeutung von Stil, Haltung und Selbstbeherrschung. Sie war es, die das Ritual für die Beisetzung Kennedys entwarf; sie war es, die in den Tagen zwischen dem Mord am Freitag mittag und der Beerdigung am Montag vormittag ein Musterbild an Stil, Haltung und Selbstbeherrschung abgab, das einer buchstäblich kopflos gewordenen Nation in ihren eigenen Augen etwas von der Würde zurückgab, die Dallas zerstört hatte.

Bereits vom Washingtoner Marinekrankenhaus, wo in der Nacht des Attentats eine hastige Obduktion vorgenommen wurde, die der Verschleierung der Addison-Krankheit und der Gonorrhoe des Toten mehr diente als der Klärung der allzu offensichtlichen Todesursache, telefonierte Jacqueline mit dem Weißen Haus und gab erste Anweisungen für die Beisetzung des Präsidenten. Sie hatte beschlossen, die Beisetzung des von einem verrückten Südstaatler fast ein Jahrhundert zuvor ermordeten Präsidenten Abraham Lincoln zum Vorbild zu nehmen; und so eilten noch in der gleichen Nacht Bill Walton und seine Mitarbeiter in die Kongreßbibliothek, um zeitgenössische Beschreibungen, Fotos und Stiche aufzutreiben. Die schwarzverhangenen Räume des Weißen Hauses; die Überführung des mit dem Sternenbanner geschmückten Sargs vom Wohnsitz des Präsidenten in die große Rotunde des Kapitols, wo über eine Viertelmillion Menschen Abschied nahmen; der von sechs Pferden gezogene Munitionswagen, auf dem der Sarg nach Arlington gebracht wurde, ein Nachbau des bei Lincolns Beisetzung verwendeten Gefährts, gefolgt von einem reiterlosen schwarzen Pferd (mit dem Namen «Black Jack»); die Trauergäste, die zu Fuß folgten – alles wurde von Jacqueline nach dem historischen Vorbild festgelegt. Gegen den Willen der Familie Kennedy beschloß sie, daß ihr Mann nicht in der Familiengruft der Kennedys in Brookline, sondern auf dem Washingtoner Heldenfriedhof Arlington beigesetzt werden sollte; und sie ordnete an, daß auf seinem Grab – wie auf dem Grabmal des unbekannten Soldaten unter dem Arc de Triomphe in Paris – eine ewige Flamme brennen sollte. Die Symbolik war klar: John F. Kennedy war wie Abraham Lincoln ein Märtyrer; der Präsident war ein Held, der im Kampf für sein Land gefallen war. Die Wirkung dieser Symbolik ist so stark, daß noch heute, allen gelehrten Analysen und schmutzigen Enthüllungen zum Trotz, die Geschichte der Präsidentschaft Kennedys und seiner Ermordung oft genug im Tonfall eines Heroenepos dargestellt wird, damit sie dieses Endes würdig wird.

Die Beisetzungsfeierlichkeiten in Washington wurden bis in alle Einzelheiten von Jacqueline organisiert. Fünfundneunzig Prozent der erwachsenen Bevölkerung der USA saßen vor ihren Fernsehern oder ihren Radios, wie große Teile der übrigen Weltbevölkerung auch – selbst in der Sowjetunion. Es war, als ob «nichts existierte außer diesem einen, blendenden Scheinwerfer», schrieb William Manchester.

Damit aber nicht genug. Etwa eine Woche nach dem Mord bat Jacqueline den Journalisten Theodore White, sie in Hyannisport zu besuchen. White, Autor eines vielbeachteten Buchs über die Kampagne von 1960, *Der Präsident wird gemacht*, sollte für die Zeitschrift *Life* einen Nachruf auf Kennedy schreiben. *Life* hatte eine Auflage von 6 Millionen, und Jacqueline begriff, daß mit Whites Artikel der Nachruhm des Präsidenten «gemacht» werden konnte. White wollte einen Artikel schreiben, der bei allem Mitgefühl eine realistische Einschätzung der geschichtlichen Leistung des ermordeten Präsidenten enthielt; Jacqueline aber sah die Aufgabe eines Nachrufs ganz anders. «Geschichte! Geschichte wird von verbitterten alten Männern geschrieben», rief sie aus. Niemand werde je alles über Jack Kennedy erfahren, aber sie müsse immer «an den einsamen, kranken kleinen Jungen denken ..., der so oft krank im Bett lag und Geschichten über die Ritter der Tafelrunde las». Sein Leben habe mehr mit Mythen, Magie und Legenden zu tun gehabt als mit politischer Theorie; sie hätten beide geglaubt, daß die Geschichte den Helden gehört und daß die Helden nicht vergessen werden dürften. «Was sie mir damit sagen wollte, war: Geschichte, gehe sanft mit John F. Kennedy um», schrieb White in seinem Notizbuch. «Ich möchte nur eine Sache sagen», fuhr Jacqueline fort, «... und ich schäme mich so, [weil] Jack meistens klassische Zitate benutzte ..., [aber] ich kann immer nur an diesen einen Vers aus einem Musical denken. Davon bin ich förmlich besessen.» Und sie zitierte die Zeilen aus dem Musical *Camelot*: *Daß es nicht vergessen werde: / Einen Ort gab es, / Einen kurzen, hellen Augenblick / Namens Camelot.*

«Mir war klar, daß sie die Geschichte mißdeutete», erinnerte sich White. «Ich sagte mir aber: Warum nicht? Wenn das alles ist, was sie von mir will, soll sie es bekommen.» Und so erschien sein Nachruf unter dem Titel *Camelot*. In den kommenden Jahren wurde der Name der sagenhaften Ritterburg des König Artus zur Kürzel für das Weiße Haus unter ihrer Ägide; erschien der Glanz ihres Versailles am Potomac als «kurzer, heller Augenblick» voller Licht und Hoffnung, heroischer Männer und schöner Frauen, in deren Mitte das Königspaar John und Jacqueline Kennedy von allen Sternen am hellsten leuchtete.

Mißdeutete Jacqueline wirklich die Geschichte? Oder gab sie – unbewußt vielleicht – einen Fingerzeig auf die wirklichen Verhältnisse? Metaphern haben jedenfalls ihre eigene Wucht. Hinter der heiteren Musical-Geschichte von Alan Jay Lerner – der auch das Libretto für *My Fair Lady* schrieb, in dem ein Blumenmädchen der Welt als Prinzessin präsentiert wird – rumort die düstere Artus-Legende von Sir Thomas Mallory aus dem Jahre 1485. Artus und Guinevere sind durch dynastische Interessen aneinandergekettet. Aber die Königin ist in einen ihrer Ritter verliebt; und der König ist aufgrund eines sexuellen Vergehens dazu verflucht, durch die Hand seines eigenen Sohns getötet zu werden. Die Camelot-Legende ist – auch – eine Geschichte von Ehebruch, Intrige, Blut und Tod.

Nicht ganz fünf Jahre nach Dallas heiratet Jacqueline Bouvier Kennedy ihren langjährigen Freund Aristoteles Onassis. Die Hochzeit hätte früher stattgefunden, aber Robert Kennedy bat Jacqueline, mit der Bekanntgabe ihrer Verlobung zu warten. Er wollte 1968 Präsident werden, und die Kennedys brauchten die Witwe noch. Als sich aber Jacqueline und «Ari» am 20. Oktober 1968 auf der Insel Skorpios das Jawort gaben, war Robert bereits ermordet und lag neben seinem Bruder in Arlington.

Die Ehe mit Onassis dauerte sieben Jahre. Sein Tod brachte der Witwe 42 Millionen Dollar ein. In den folgenden Jahren nahm Jacqueline einen Teilzeitjob als Verlagslektorin an und wurde fester Bestandteil der New Yorker Schickeria. Ihr letzter Lebensgefährte war der im wahrsten Sinne des

Wortes steinreiche jüdische Diamantenhändler Maurice Tempelsman, dem gute Beziehungen zu Zaires Diktator Mobutu nachgesagt wurden. Jacqueline Bouvier Kennedy Onassis starb 1994.

Mit der Verwandlung in «Jackie O.» versuchte Jacqueline aus dem Mythos auszubrechen, den sie selbst geschaffen hatte und in dem die noch nicht vierzigjährige Frau wie in einen Gletscher eingefroren war. Gleichzeitig aber sorgte sie mit der Einrichtung der Kennedy-Bibliothek in Boston dafür, daß wichtige Quellen zur Erforschung der Biographie Kennedys auf Jahrzehnte unzugänglich blieben, und reagierte jahrelang auf jede Veröffentlichung, die nicht bedingungslos die Legende von Camelot nachbetete, mit der wütenden und rücksichtslosen Verfolgung des Autors. Wie jeder Versuch, die Vergangenheit zu kontrollieren, ist auch dieser gescheitert. Jacqueline selbst ging mehr und mehr dazu über, das Dunkle an der Vergangenheit einfach auszublenden. «Der Schlammfluß fließt immer weiter», sagte sie kurz vor ihrem Tod, «aber es geht nicht um mich.» Als Kind hatte sie sich in einen Traum von der Zukunft geflüchtet. Als alternde Frau flüchtete sie sich in einen Traum von der Vergangenheit, und am Ende ließ sie sich von ihrem Mythos einholen. Auf ihren Wunsch wurde sie neben John F. Kennedy und ihren drei toten Kindern auf dem Friedhof von Arlington begraben.

Quellen und Literaturhinweise

Adenauer, Konrad: Erinnerungen 1959–1963 - Fragmente. Stuttgart 1968

Anderson, Alice, und Hadley V. Baxendale: Behind Every Successful President. The Hidden Power and Influence of America's First Ladies. New York 1992

Anderson, Christopher: Jack and Jackie. Portrait of an American Marriage. New York 1996

Birmingham, Stephen: Jacqueline Bouvier Kennedy Onassis. New York 1978

Blair, Joan, and Clay, Jr.: The Search for JFK. New York 1976

Bouvier, Kathleen: To Jack with Love. Black Jack Bouvier: A Remembrance. New York 1979

Bradlee, Benjamin C.: Conversations with Kennedy. New York 1975

Brogan, Hugh: Longman History of the United States of America [= Penguin History of the United States of America]. London 1985

Bryant, Traphes, mit Frances Spatz Leighton: Dog Days at the White House. New York 1978

Burns, James MacGregor: John Kennedy: A Political Profile. New York 1960

Callahan, Bob: Who Shot JFK? A Guide to the Major Conspiracy Theories. New York 1993

Capote, Truman: Conversations with Capote. New York o. J.

Cassini, Oleg: In My Own Fashion. New York 1987

Cassini, Oleg: A Thousand Days of Magic. New York 1995

Cecil, David: The Young Melbourne. London 1939

Collier, Peter, und David Horowitz: The Kennedys. An American Drama. New York 1984 – Dt.: Die Kennedys: Ein amerikanisches Drama. Berlin 1985

Collier, Peter, mit David Horowitz: The Roosevelts. An American Saga. New York 1994

David, Lester: Jacqueline Kennedy Onassis. New York 1994 – Dt.: Jackie Kennedy: Sie prägte eine Epoche. München 1994

Davis, John H.: The Bouviers: Portrait of an American Family. New York 1969

Davis, John H.: Jacqueline Bouvier. An Intimate Memoir. New York 1996

Davis, John H.: The Kennedys: Dynasty and Disaster. New York 1984 – Dt.: Siegen! Siegen um jeden Preis: Die Kennedy-Dynastie – ihre wahre Geschichte. Zürich 1977

Exner [Campbell], Judith, mit Ovid Demaris: My Story. New York 1977

Fairlie, Henry: The Kennedy Promise: The Politics of Expectation. Garden City, N. Y. 1973

Gallagher, Mary Barelli: My Life With Jacqueline Kennedy. New York 1969 – Dt.: Die unvergeßlichen Jahre mit Jackie im Weißen Haus. München 1970

Gilkes, Erwin A., und Paul Schwaber (Hrg.): Of Poetry and Power. Poems Occasioned by the Presidency and the Death of John F. Kennedy. New York 1964

Goodwin, Doris Kearns: The Fitzgeralds and the Kennedys: An American Saga. New York 1987

Hamilton, Nigel: JFK: Reckless Youth. New York 1992 – Dt.: John F. Kennedy. Wilde Jugend. Frankfurt am Main 1993

Heymann, C. David: A Woman Named Jackie: An Intimate Biography of Jacqueline Bouvier Kennedy Onassis. New York 1989 – Dt.: Eine Frau namens Jackie. Die intime Biographie von Jacqueline Kennedy-Onassis. München 1989

Kelley, Kitty: Jackie Oh! Secaucus, N. J. 1979 – Dt.: Jackie Oh ...! München 1980

Kennedy, John F.: Profiles in Courage. New York 1956 – Dt.: Zivilcourage. Wien 1960

Kennedy, John F.: Public Papers. 3 Bde. Washington, D. C. 1962, 1963, 1964

Kennedy, John F.: The Strategy of Peace. New York 1960 – Dt.: Der Weg zum Frieden. München 1964

Kennedy, John F.: To Turn the Tide. New York 1962 – Dt.: Dämme gegen die Flut. Berlin 1962

Kennedy, John F.: Why England Slept. New York 1940

Kennedy, Rose: Times to Remember. Garden City, N. Y. 1974 – Dt.: Alles hat seine Stunde: Meine Lebenserinnerungen. Frankfurt am Main 1974

Klein, Edward: All Too Human: The Love Story of Jack and Jackie Kennedy. New York 1996

Koestenbaum, Wayne: Jackie Under My Skin: Interpreting an Icon. New York 1995 – Dt.: Jackie O. Der Fan und sein Star. Stuttgart 1997

Lasky, Victor: JFK: The Man and the Myth. New York 1963

Mailer, Norman: The Idol and the Octopus. Political Writings on the Kennedy and Johnson Administrations. New York 1968

Mailer, Norman: Oswald's Tale: An American Mystery. New York 1995 – Dt.: Oswalds Geschichte. Ein amerikanisches Trauma. München 1995

Mailer, Norman: The Presidential Papers. New York 1964

Manchester, William: The Death of a President: November 20-25, 1963. New York 1967 – Dt.: Der Tod des Präsidenten. Frankfurt am Main 1967

Miller, Arthur: Timebends. New York 1987 – Dt.: Zeitkurven. Ein Leben. Frankfurt am Main 1987

Parmet, Herbert C.: Jack: The Struggles of John F. Kennedy. New York 1980

Parmet, Herbert C.: JFK: The Presidency of John F. Kennedy. New York 1983

Posener, Alan: John F. Kennedy. Reinbek [4]1995

Posner, Gerald L.: Case Closed: Lee Harvey Oswald and the Assassination of JFK. New York 1993

Reeves, Richard: President Kennedy: Profile of Power. New York 1993

Reeves, Thomas C.: A Question of Character. A Life of John F. Kennedy. New York 1991 – Dt.: John F. Kennedy: Die Entzauberung eines Mythos. Hamburg 1992

Report of the President's Commission on the Assassination of President Kennedy [«Warren-Report»]. Washington D. C. 1974 – Dt.: Der Warren-Bericht. Gütersloh 1964

Report of the Select Committee on Assassinations, U. S. House of Representatives, 95th Congress, 2nd Session. Findings and Recommendations. Washington D. C. 1979

Salinger, Pierre: With Kennedy. Garden City, N. Y. 1966 – Dt.: Mit John F. Kennedy. Düsseldorf 1967

Salinger, Pierre: P. S.: A Memoir. New York 1995

Schlesinger, Arthur M., Jr.: A Thousand Days: John F. Kennedy in the White House. Boston 1965 – Dt.: Die Tausend Tage Kennedys. Bern 1966

Sorensen, Theodore: Kennedy. New York 1965 – Dt.: Kennedy. München 1966

Thayer, Mary van Rennsalaer: Jacqueline Kennedy: The White House Years. New York 1967

Vidal, Gore: The Best Man. A Play About Politics. New York o. J. (1960)

Vidal, Gore: Palimpsest. A Memoir. New York 1995 – Dt.: Palimpsest. Memoiren. Hamburg 1996

West, J. B., mit Mary Lyn Kotz: Upstairs at the White House: My Life with the First Ladies. New York 1972

Whalen, Richard J.: The Founding Father. New York 1964 – Dt.: Der Kennedy-Clan. Düsseldorf 1965

White, Theodore: The Making of the President, 1960. New York 1961 – Dt.: Der Präsident wird gemacht. Köln 1963

White, Theodore: In Search of History: A Personal Adventure. New York 1978

Bildnachweis

AP Associated Press GmbH, Frankfurt/M. S. 52, 130; Photograph © 1997 Jacques Lowe, New York 67, 70, 94, 120; John F. Kennedy Library, Boston S. 49; Ullstein Bilderdienst, Berlin S. 29, 36, 43, 51, 98, 100, 144, 152; UPI/Corbis-Bettmann, New York S. 20/21, 73, 108.